JN086045

オンラインプラットフォームの経営

ユーザー参加を促すメカニズムのデザイン

西山浩平

Online Platform Management
Designing the mechanism that motivates user participation

東京 白桃書房 神田

推薦の辞

　私は「その時」のことを今でも鮮明に覚えている。米国ボストンからの出張帰りの機中でビジネス誌を読んでいたら，消費者からの声を起点にオンライン上で商品化を進める画期的仕組みが紹介されていたのだ。「これはまさにユーザーイノベーションの要素を分解し，共創の仕組みに転換しているものだ」。そう直観した私は記事で紹介されている起業家のもとに聞き取りに行くことになる。その起業家こそが，本書の著者，西山浩平氏だ。

　西山氏は，90年代後半から2000年代の初頭にかけて日本での消費者参加型製品開発の仕組み化を先導した。特に良品計画との協業によって開発された仕組みや同仕組みを通じて開発された商品は，日本だけでなく世界からも注目されることになった。そんなユーザーとの共創の仕組み化の先導者だった西山氏が，本書では自身が事業運営上の課題と捉えていた「継続性のある」ユーザー参加型オンラインプラットフォーム実現の条件を明らかにしている。

　本書は実際に開発プロジェクトに関わったもののみが持つ暗黙知や内部情報をデータ収集や変数の設定に反映させ，それが１つの特徴になっている。

　また，海外文献で無視されている日本語や日本人による研究も丁寧に渉猟し，紹介している点で日本人研究者にとって有用な文献リストを提供している。

　ユーザー参加型オンラインプラットフォームは現在，さらに進化を見せ第三世代といってよい姿を見せている。初期の事業モデルから現世代までの変化を適切に捉え，今後の展開を見通すうえでも本書は多くの示唆を与えてくれている。

　2022年11月

関西学院大学経営戦略研究科教授

小川　進

はじめに

　インターネットにはユーザーの保有する多様なリソースが接続されている。それらのリソースは，分散して存在しているがゆえに，利用機会は限定的となり，潜在的な価値が発揮されていない場合も多い。一方で，オンラインプラットフォームには，従来は結びつきがなかった物やことを接続し，利用できる可能性がある。新しい結びつきは，企業やユーザーの役割分担はもとより，行動すらも変化させてしまう力を持つことがある。近年，ユーザー参加型のオンラインプラットフォームの活用によって，新しい結びつきがもたらされ，企業が競争力のある事業展開に成功する事例が観察されるようになった。

　例えば，UberやGrab等のライドシェアの事業者は，一般ドライバーの保有する車両を移動を希望する個人に結びつけるサービス提供を促すことで，既存タクシー事業に対して競争力のある移動サービスを可能にした。またAirbnb等のルームシェア事業者は，空き室を旅行者向けに提供する個人の参加によって，ホテル事業者と異なる価値の宿泊サービス提供を行っている。いずれもユーザー参加型のオンラインプラットフォームの運用を通じて，数年でグローバルに事業を急成長させた。これらの事例に共通するのは，オンラインプラットフォームの存在なくして価値創造へのユーザー参加は実現し得なかった点である。

　企業成長につながるオンラインプラットフォームによる新しい結びつきのパターンには，多くの種類があると考えられる。しかし，その中でもこれまで商品やサービスの購入に行為が限定されていた「消費をする主体」としてのユーザーに対して，「サービスを提供」する主体としても参加を促すことで，企業が成長を促進できるという考え方はとりわけ魅力的である。オンライン上での企業とユーザーとの関係性は新しい技術の登場によって大きく変化しうる。デジタル化が急速に進む現代社会において，ユーザーとの関係を規定するメカニズムのデザインは，オンライン上で活動領域を拡げる企業にとって，深大な拡がりを持ったテーマといえる。

　一般に企業は，ユーザーから得られるフィードバックによって市場が求める価値を知ることができるとされる。また，ユーザーはサービスの使用を幾度

と繰り返す中で習熟し，その過程で新たな使い方を編み出し，企業が思いもよらなかったサービスに関する価値を生むことも知られている。ユーザーが生み出したそのようなサービスの新しい使い方に関する知識は，企業単体では生み出せない価値である。このような価値の発見は，企業に競争優位性をもたらす貴重なきっかけとなり，イノベーションの源泉であるといえる。しかし，残念ながら，ユーザーが生み出したそのような価値を企業が効率的にオンラインを通じて獲得するノウハウは，まだ十分に確立されているとはいえない。このような問題意識を念頭に，オンラインプラットフォーム上でのユーザー参加による価値創造のメカニズム設計を論ずることは，企業経営にとって意義があると考えられる。

　著者は，1997年から20年にわたりユーザー参加のオンラインプラットフォームの開発・運用実務に携わってきた。国内大手企業とそのユーザーの間に入って，オンラインプラットフォームを用いた新商品開発プロジェクトにかかわることで，当事者として貴重な経験を積む機会を得た。これらのプロジェクトでは，企業とユーザー双方からの協力を得られたことで，ユーザー参加で商品化を達成することができた。しかし，商品化プロジェクトに参加するユーザーは，一度商品化が達成されると満足してしまい，継続的にプロジェクトに参加するユーザーはごくわずかだった。そして，そのような傾向から，著者は，ユーザーの継続的な参加には限界があるのではないかと考えるようになっていった。同様に，ユーザーイノベーション研究者の間でも，ユーザー参加の商品化プロジェクトは長続きしないとする意見が主流を占めるようになっていた。

　ところが，デンマークの玩具メーカーであるレゴ社[*]が提供したユーザー参加のプラットフォームは，これまでの通説を覆すこととなった。2008年から始まったLEGO CUUSOOには，活発なユーザーの価値創造への参加が観察され，定期的な商品化が実施された。そしてその結果，このユーザーのアイデアを商品化することを目的としたオンラインプラットフォームは，商業的に成功を収めただけでなく，他には見られない継続性が観察された。この事実は，著者のそれまでの考え方を根底から覆すものとなった。LEGO CUUSOOは，2014年にレゴ社の正式な社内サービスとなることが認められ，運営にあ

---

[*]　法人の場合はレゴ社，商品の場合はLEGOと区別して表記する。

たっていたCUUSOO SYSTEM社からレゴ社に移管されることになった。サービスの移管時に、名称をLEGO IDEASに替えることになったが、オンラインプラットフォームそのものは、継続的に提供され、その期間は10年を越した。

　プラットフォームを運用する責務から自由になり、視座を変えてみることで気がついたことがある。レゴ社とユーザーとの間で行われているやり取りを客観的に俯瞰しているうちに、レゴ社とユーザー間のやり取りは偶発的に起こっているのではなく、プラットフォームが定めるルールに基づいたものであるという、ごく当たり前のことに気がついた。いくつかのルールの組み合わせで、ユーザーの行動に変化が生じ、その結果、企業が商品化を通じて収益につながっていく様は、おぼろげに頭の中で再現できたが、人に伝えるには複雑すぎた。ユーザーと企業が協力することによって経済価値が生まれるメカニズムを人に説明できるようになりたい。この気持ちが本書の動機となった。

　企業が設計したルールがユーザーに受け入れられた場合、ユーザーは企業が望む行動を選択する。そして、そのルールが企業の経営にとって継続してメリットをもたらすものであれば、企業とユーザー間の関係も安定するのではないだろうか、という気付きは、直感として間違っていない自信があったが、それが具体的に何を指し示すのかは、本書を書き始める前はわかっていなかった。

　商品開発を目的としたユーザー参加型のオンラインプラットフォーム上における企業とユーザーの関係は、消費を中心としたeコマース上の行動とは異なるものである。商品開発を目的としたオンラインプラットフォームでのユーザー参加が継続的に行われたということは、そこには、消費以外の理由でユーザーが何度も参加したくなるような条件が備わっていたからであるといえる。もし、プラットフォーム上での適切なルールの存在がユーザー行動に影響を与え、その結果、企業にとっても望ましいユーザーによる価値提供が繰り返され、サービスの継続という帰結がもたらされているのであれば、良いルールの設計が持つ価値は大きい。イノベーションの源泉となるユーザーを参加させるメカニズムとしてのルールの設計に、企業が経営資源を投下することで企業の成長が促進されるなら、オンラインプラットフォームのメカニズムは、価格決定やビジネスモデル等と同様に重要な経営テーマとして注

目する価値があるのではないだろうか。

　実際には，オンラインプラットフォームへのユーザー参加を通じた価値創造に関する研究は，経営学を中心に多く存在する。ユーザー行動論理の説明は，ユーザーイノベーション（user innovation）研究に求めることができる（例えばvon Hippel, 1976, 1986）。また，共創（co-creation）に関する議論（例えばPrahalad and Ramaswamy, 2003, 2004）や，ユーザーと企業による価値共創に関するサービス研究（例えばVargo and Lusch, 2004；Maglio and Spohrer, 2008）には企業行動論理の説明を求めることができる。しかし，汎用性の高いマネジメント手法やユーザーインセンティブを含むメカニズムに対する設計工学的な理解は十分に得られていないのが実情だ。

　本書では企業経営の観点から，ユーザーが継続的に参加するオンラインプラットフォームの条件を明らかにすることを目指した。そのために工学的な視座に立ってオンラインプラットフォームのユーザー参加のメカニズムを定式化し，条件設定でシミュレーションが可能となるモデルの構築を試みた。LEGO CUUSOOを含む複数のオンラインプラットフォームの事例を比較したうえで，オンラインプラットフォームのルールの差異がユーザーの参加にどのように影響を与えるのかを観察した。その上で，取引の概念を用いながら，条件設定次第でどのようにユーザー参加が得られるのかを理論フレームとして提示した。

　ユーザーは繰り返しプラットフォームに参加することで，より望ましい社会への変革に参加する機会を得ることができる。このため，ユーザー参加をどのように継続的に行えるかは，経営実務において重要な課題であるだけでなく，社会発展につながる公益的なテーマであるともいえる。

　そもそも，ユーザーと企業は，生産と消費というこれまでの関係に囚われる必要はなく，両者間の取引メカニズムの設計次第では，これまでになかった新しい協業の関係が構築可能であると確信する。ここでの議論が契機となり，より多くの企業がユーザーと協力してこれまでになかった価値創造ができるようになれば，これ以上の喜びはない。

2023年5月

西山浩平

● 目 次

第**1**章 序論

第**2**章 先行研究

第**3**章 研究手法

第4章　ケース分析

第**7**章 **考察：商業利用の意思決定**   123

終章 **結論**   143

図表目録

表記法

f	商業利用の源泉となるイノベーション（i.e. アイデアなど）
e	f を商品化する際に，企業が決定する仕様（i.e. サイズ，素材など）
(f, e)	企業によって商業利用された商品
M	企業の集合
S	リードユーザーの集合
T	一般ユーザーの集合
U	両ユーザーを合わせたユーザー全体の集合
I	仲介者の集合
$\varPi^M$	企業の効用
$\varPi^S$	リードユーザーの効用
$\varPi^T$	一般ユーザーの効用
$\varPi^I$	仲介者の効用
$p_{(f, e)}$	商品（f, e）の価格
$Q_{(f, e)}$	商品（f, e）の販売数量
$\varOmega$	ユーザーイノベーションを商品化することによって収益化できる料率
c_j	リードユーザーがイノベーションを生み出す際に必要となるコスト
c_i	一般ユーザーがSNSで行う呼びかけなどに係るコスト
c^I	仲介者が運用するプラットフォームの固定コスト
c^M	商品を生産する場合の可変コスト
L	ライセンス料
L^I	仲介者 I が企業 M から受け取るライセンス料
L^S	リードユーザー S が受け取るライセンス料
$L_{(f)}$	コンテンツ f の著作者が存在する場合，受け取るライセンス料
r_i	一般ユーザーがイノベーション f_i に対して持つ留保価格
p_i	一般ユーザーが 商品（e_i, f_i）に支払う対価
a	商品販売によって得られた売上から支払われる報酬総額の配分率
a^I	販売成績に応じて，仲介者 I に支払われる報酬の配分率

a^S 販売成績に応じて，リードユーザー S に支払う報酬の配分率

a^M 企業 M が自身の利益として残す総報酬の配分率

d^I プラットフォームの運用に対して支払われるフィーの額

$v(\bullet)$ ネットワーク外部性の効果

σ 企業 M がリードユーザー S とユーザーイノベーション f 取引を検討する投票数の閾値

θ 企業 M がユーザーイノベーション (f, e) の商業利用を検討する予約数の閾値

第1章

序論

第1章の要旨

　従来，イノベーションは，企業内における研究開発（research and development）活動の結果生じるものとされていた。しかし，近年ユーザーイノベーションについての先行研究に加えて，企業がユーザーと価値共創を行うとする経営学の研究などの成果から，企業外においてもイノベーションが発生することが明らかになってきた。このことから，企業は研究開発能力の如何に依らずイノベーションを商業利用できることが示唆されるようになった。一方で，どのように接すれば企業が社外に分散して存在するイノベーションを継続的に商業利用できるのかは，マネジメント手法として一般化するに至っていない。序論では，このような問題意識を説明する。

1　本研究の目的

　本研究の目的は，ユーザー参加型のオンラインプラットフォームのマネジメント手法の一般化を通じて，企業経営含意を明らかにすることである。従来のイノベーション（innovation）は，企業内における研究開発活動の結果生じるものとされていた。しかし，近年ユーザーイノベーション（user innovation）についての先行研究に加えて，企業がユーザーと価値共創を行うとする技術経営学の研究などの成果から，企業外において発生したイノベーションを活用できることが示唆されるようになった。一方，どのように調達すれば企業が社外に分散して存在するイノベーションを継続的に商業利用できるのかは，マネジメント手法として一般化するに至っていない。

　実証研究より，新製品の開発を目的とするオンラインプラットフォーム（online platform）を企業が提供することで，ユーザーイノベーションの商業利用が可能であることは知られているが，事例の多くでは，短期間で取り組

1

みが終了するため，継続性が課題として指摘されている。オンラインプラットフォームの継続的な商業利用の実現には，イノベーションを生み出すユーザーとそれに呼応する企業の双方が効用を満たし続ける必要がある。しかし，価値創造に参加する全てのアクターに対してどのようなインセンティブ設計やメカニズムがあればよいのかは，解明されるに至っていない。本研究では，ユーザー参加型のオンラインプラットフォームのマネジメントを通じて，継続的な商業利用のメカニズムの解明を目指す。

2　本研究の動機

　本研究は当事者による研究である。本研究以前に行われた調査や研究には，被調査者としてかかわった。その意味で，既存の研究では，筆者の考えや行動は，インタビューなどを通じて，第三者である研究者によって客観化が進められたといえる。しかしそのようなフィルターを通すことで記録化された内容に関して，筆者は，実務の経験と照らし合わせて，説明されきれていない部分があり，伝えたい知識と研究結果の間に乖離が生じていたことを認識していた。

　当事者研究者として知られる熊谷（2015）が，自身が身体障害を持つ患者と医師の双方であるという立場から，「当事者の経験と医者の間には，大きな開き」が存在しうることを指摘しているように，本研究においても，経営者である当事者と研究者の理解の間には乖離が存在していたことから，当事者の視点を反映した課題設定が能動的に研究計画に持ち込まれる必要があった。

　熊谷（2015）は，「外から見てわかりにくいことは，本人からもわかりにくい」ことから，身体障害者という当事者の立場からスタートして，後に医師となることで，両者の理解のギャップを埋めようとした。しかし，当事者自身を医学のフレームワークだけで研究できるようにすることでは，わかりにくい対象の言説化を十分には果たせなかったとしている。医学では，身体に関する理解はできても，身体を取り巻く社会との相互関係までは理解が及ばず，新たな研究のアプローチが必要となったと述べている（熊谷，2015）。

本研究でも，同様な状況が生じており，ユーザーイノベーション研究を通じたユーザーの理解や企業研究を通じた企業の論理だけでは，分析されるべき対象がカバーされていないと感じられた。このことから，企業とユーザーの間に入って実際の業務を推進していた当事者のリアルな視点を踏まえたフレームワークが必要に感じられた。そこで，企業とユーザーでもない新たな仲介者というアクターを登場させ，当事者の視点を持ち込むこととした。全体像を把握するには，仲介者の効用も含め，メカニズムとしてのオンラインプラットフォームの理解が進むフレームワークを提示する必要があった。

　本研究は，当事者であるがゆえに生じるバイアスを極力排除しながら，当事者であるがゆえに備わった知識を研究成果に反映することを目指すものである。

　筆者は，オンラインプラットフォームを用いたユーザー参加型システムの開発にかかわってきた。1997年より，本日に至るまで20年にわたって実務者として同一テーマで開発に従事してきた。そのため，ユーザーイノベーション研究者の研究対象となることが多かった（例えば小宮, 2001；小川, 2002a, 2002b；山下, 2002；Ogawa and Piller, 2006など）。ユーザー参加型システムの開発を開始した当時，導入を検討する企業内には新商品開発プロセス（new product development process）に社外からの提案を受け入れようとしても，担当部署も手順も存在しなかった（清水, 2003a）。このため，企業は，未知の提案を投稿するユーザーとのやり取りに関する業務を社外に切り出す形で，オンラインプラットフォーム運用者に任すこととなった。このような経緯を経て，商品提案を行うユーザーと企業間のやり取りを仲介者が任されるようになり，オンラインプラットフォームの開発業務に留まらず，仲介者としてのポジションを担うようになっていった（小川・西川, 2004）。

　それまで，消費をする対象としてのみ認識されていたユーザーから提案を受け付ける業務の参考となる前例は存在しなかった。このため，仲介者としては，手探りでオペレーションを回す必要があった。どのような条件をユーザーに提示すると提案をしてもらえるのか，という問いに対しては，多くの施策が実験的に試された。試みのほとんどが望ましい成果をもたらさない中，よりましな仕様を選択し，小さな変更を繰り返すアプローチが取られざるを得

なかった。しかし、これはRies（2011）が提唱する検証済み学習（validated learnings）を積み重ねていく無駄のないリーン（lean）な事業立ち上げのサイクルに近いものとなっていたと考えられる。企業よりも失敗に対して寛容なスタートアップ企業（start up）であった仲介者としての立場を利用できたからこそ、正解が見つけられたともいえる。多くのトライアルの中で自動化できるものを技術開発していった結果、オンラインプラットフォームとして機能するようになっていった[1]。

このようなプラットフォーム上のやり取りを自動的に処理する技術は、提示条件に反応するユーザーからのフィードバックを見越して設計されるため、ユーザーの参加を前提とする。このため、オンラインプラットフォーム上では、ほとんどの仕様とユーザーのやり取りは一般に公開される。その結果、失敗するプロジェクトや途中で止まってしまうケースも研究の対象となってきた（清水、2002）。複数の産業分野において、企業がオンラインプラットフォームを採用し、運用を行った結果、家具、家電などを含む商業利用が実現された（清水、2003b）。しかし、単発で商品化は実現できても、長期に及んでの継続的な商業利用には至らないケースがほとんどであった（加藤、2004）。そのような中、2008年にレゴ社はLEGO CUUSOOを開始し、商業利用を継続することに成功した（Antorini, Muniz and Askildsen, 2012; Schlagwein and Bjorn-Andersen, 2014; 蛯谷、2010など）。開始当初は仲介者がオンラインプラットフォームを開発運用し、2014年にレゴ社にサービスが移管されて10年以上が経過した現時点でもLEGO IDEASとして事業は継続している。

なぜ、LEGO CUUSOOだけがオンラインプラットフォームとして継続的に運用できたのか？　この問いに答えるためには、静的なケース分析を行うだけでは十分な理解に至らず、もう一歩踏み込んで、ユーザーと企業の間で自律的に生じるやり取りを動的なダイナミズムとして理解する必要があるのではないかと思った。観察するだけでは見えてこない相互作用のメカニズムを

1　2000年当時は、クラウドファンディングやクラウドソーシングという概念もまだ一般化されておらず先行する事例は少なかった。「商品仕様および関連顧客情報の収集システム（第4361235号）」は、2000年に日本で特許申請された後、公開特許となり、System for collecting commodity specifications and related customer information, US7, 467, 114BJ は、後に米国で公開特許となった。

解明してみたい，という思いが本研究の動機となった。

3　イノベーションの定義

　本研究では，オンラインプラットフォーム上でのユーザー参加型の新商品
開発のメカニズムに焦点をあてる。Schumpeter（1912, 1934）はイノベーショ
ンのアウトプットとして主に「新製品開発，新生産方法の導入，新マーケッ
トの開拓，新たな資源供給源の獲得，組織の改革」を挙げているが，本研究
では対象を「新商品開発」に限定する。また，ユーザーを法人ではなく，個
人とし，企業のビジネスモデル（business model）をBtoCに限る。

　先行研究より，ユーザーという主体がイノベーションの担い手となり得る
ことは明らかにされている（例えばvon Hippel, 1976, 1986; Bogers, Afuah
and Bastian, 2010など）。また，ユーザーイノベーション研究の文脈では，ユ
ーザーイノベーションに関する活動を，顧客が持つ問題解決のための新しい
情報の利用，とする考え方は広く受け入れられており，本研究でもこの考え
方を踏襲する（小川, 2000）。本研究では小川（2000）の「顧客」を「ユーザ
ー」に読み替えて，ユーザーイノベーションを「ユーザーが問題解決に用い
る知識」として捉える。これにより，ユーザーを新商品の購入を行う主体と
してのみではなく，イノベーションの源泉となる主体としても捉える。

　ユーザーによるイノベーションは企業によって新商品として用いられ，ユ
ーザーによって購入された結果，企業の成長が促進される。ユーザーイノベ
ーションは企業に「商業利用」されなければ，経済成長に貢献できないため，
本研究では，上市され，かつ，売り上げが計上される点を重視し，商業利用
に重きを置くSchumpeter（1912, 1934）の考えを継承する。上記より，本研
究では「ユーザーによる商品開発へのかかわりからもたらされる経済成長の
源泉」をユーザーイノベーションの定義とする。

4 本書の構成

　次章以降，本書は次の構成をとる。

　第2章は，先行研究を概観し，オンラインプラットフォームの商業利用に関する先行事例研究を整理したうえで，関連する先行理論研究をレビューし，本研究の位置づけを明確にする。先行研究のレビューを通じてそれぞれの研究における課題と本研究の位置づけを明確にする。

　第3章では，分析のフレームワークについて説明を行うとともに，研究手法の有効性を検証する。本研究では，分析対象のオンラインプラットフォームのメカニズムを動的に把握するために，ケース分析に加えて定式化を通じたシミュレーションを統合した。既存アプローチとしては，技術経営研究，イノベーション研究，ミクロ経済学研究より理論フレームワークを求める。

　第4章は，オンラインプラットフォームの継続的商業利用のケース分析を行う。分析に際して時期，商品，企業を同一とする複数の実施例を抽出する。ケース毎のアクター間の相互メカニズムの違いを観察し，それぞれの相互メカニズムからどのような帰結がもたらされたのかを関連付けて分析する。

　第5章では，第4章で得られた分析結果から，アクター間の相互作用をオンラインの継続的商業利用のメカニズムとしてモデル化する。ユーザーイノベーションの商業利用に際して，主体的意思決定者であるユーザーと企業に加え，仲介者と一般ユーザーの4アクターの効用を定式化し，合理的意思決定のメカニズムを解明する。

　第6章は，ケースのモデルによる検証を行う。第5章で定式化されたモデルを用いて，数値設定を行い，ケース毎に均衡解を導出する。ここで得られた企業行動を規定する閾値と，ケースで得られた帰結を比較検討し，モデルの検証を行う。

　第7章は，企業が商業利用を意思決定する閾値の導出を行う。第6章で妥当性が検証されたモデルを用いて，第4章で明らかになったケースの分析結果と，本章で行うシミュレーションの値を比較し，企業が商業利用の継続を決断する条件を求める。また，通常の企業内の研究開発活動によるイノベーションの商業利用ケースもモデルで再現し，オンラインプラットフォーム上で

ユーザーイノベーションの商業利用が確認されたケースと比較を行う。

　終章は，本研究の結論を述べるとともに，本研究の限界と今後の研究の派生的拡がりを提示する。

第2章
先行研究

第2章の要旨

　ユーザー参加型オンラインプラットフォームの商業利用に関連する先行研究調査結果を示す。ユーザー参加型オンラインプラットフォームの商業利用によって得られる売上増加に対する効果や，コスト削減への貢献などのメリットを複数の先行事例から確認した。同時に，多くの事例がユーザー参加型オンラインプラットフォームの商業利用を中止している事実に基づいて，継続することが困難であるとする通説の根拠を明らかにした。そのような中にあって，継続してユーザー参加型オンラインプラットフォームの商業利用に成功している事例の発見を通じて，工学的な視座からメカニズムとしての理解を加えることで一般的な知見を見出そうとする本研究の位置づけを明らかにする。

1　ユーザー参加型オンラインプラットフォームの商業利用の効果に関する研究

　ユーザーイノベーションは，一定頻度で出現する事象であることがわかっている（例えばvon Hippel, 2005）。2009年に英国，米国，日本でユーザーがどの程度イノベーションを起こしているのかについて大規模な調査が行われた。その結果，英国では6.2%，米国では5.2%，日本では3.7%のユーザーがイノベーションを行ったということがわかった。また，別の調査では，総ユーザーに占めるリードユーザー（lead user）の比率は5%程度に過ぎず，リードユーザーの50%は継続してイノベーションを起こさないという結果が出ている（von Hippel, Ogawa and De Jong, 2011）。ユーザーイノベーションが商業利用されるためには，市場性や技術的課題をクリアしなければならず，実際に上市に至る事例は，さらに絞り込まれることとなる。このような既存

研究が背景となり，ユーザーイノベーションの継続的な商業利用が実社会で観察される事例は限定的とならざるをえないという理解がある。

　一方で，オンライン上でユーザーが参加することで可能となるユーザーイノベーションの商業利用に関する事例研究は多く存在する。小宮（2001），小川（2002a，2002b），山下・古川（2002），西川（2003，2004）らは，ケーススタディ調査を通じて豊富な実証研究を進めている。これらのケースの中で，よりユーザーの参加度合いが高いものは，Ogawa and Piller（2006）などによって類型化され，ユーザー起動型ビジネスモデル（user driven business model：以下UD）として定義されている[1]。UD型のユーザーイノベーションの商業利用プロジェクトの事例研究は，日本のユーザーイノベーションの商業利用の事例を対象にまとまった数の研究が存在する（小川，2005）。

　1998年に最初のユーザー参加型オンラインプラットフォームを利用した消費者向けBtoC分野の商品開発事例が登場する[2]。1990年代後半に誕生したばかりのこれらの取り組みは，ほぼリアルタイムで研究の対象として取り上げられている。小宮（2001）を筆頭に，浜屋・田中（2003），加藤（2004）がユーザーイノベーションの商業利用プロジェクトの代表的な実施例を網羅的に調査し，西川・秋田・大伴・清水・橋本・持田（2013）は約10年後にそれらの事例の追跡調査を行っている。このようなBtoC分野の商品開発の事例は2000年代前半にインターネットの普及とともに急速に増加する。日本におけるインターネットの普及率は，総務省が調査し始めた1997年時点では7%に過ぎなかった[3]。当時のインターネットを活用した消費者向けの企業活動

1　UD型のユーザーイノベーションの商業利用モデルは日本で観察された事例を基にモデル化されたものであり，日本発のモデルであるといえる。

2　「CUUSOO」や「tanomi.com」らがインターネットを用いたユーザー参加型のオンラインプラットフォームをこの時期に開設した。CUUSOO SYSTEM社は，エレファントデザイン社から「CUUSOO」事業を分割継承される形で新設子会社として設立されている。サービス名が「coi.co.jp」「空想家電」「空想生活」と時期によって変遷するため，本件究では「CUUSOO」で名称を統一する。エンジン社は「tanomi.com」の事業を運営する主体者である。本研究では「tanomi.com」に統一する。インターネットを用いたユーザー参加型のオンラインプラットフォームが開設されたのは「CUUSOO」が1998年，「tanomi.com」が1999年である。

3　総務省　通信利用動向調査　世帯別インターネット普及率　データを取り始めた1997年に7%だった普及率は翌年1998年に11%とわずか2年で2桁となり，2000年に34%を越

は，電子商取引が中心であった。インターネットを活用した商品開発活動に関する研究も一部の研究者によって開始されていたが，事例はまだ少なかった。ところが，2000年にインターネットの普及率は34％を越し，翌年には61％に上昇するのに伴い，様々な電子商取引の発展形が模索されるようになった。例えば，総務省は平成14年版の情報通信白書において電子商取引の発展形として消費者参加型商品開発を先端事例として取り上げている。白書においては「電子商取引の利用が着実に進む中，消費者が商品やサービスの購入者という立場を超え積極的に商品開発に参加するという動きは（中略）企業側にとって受注生産であるため在庫負担リスクが少ないことに加え，生産計画が立てやすいなどのメリットがある。」とし，インターネットを活用し企業活動を高度化するための奨励策として，商品開発へ消費者の参加を促すことを企業に対して掲げている。

1.1　売上貢献への影響に関する実証研究

　このような背景の中，浜屋・田中（2003）は，当時オンライン上でユーザー参加型の商品開発を始めた主だった企業を21社取り上げ，調査を行っている。[4] 時期を同じくして西川（2004）と小川（2005）は，ユーザー参加型の開発手法による商品がそれまでの平均以上の販売実績を挙げていると指摘した。2001年から2003年に良品計画がMUJIブランドで行ったユーザー参加型オンラインプラットフォームの商業利用プロジェクトは，従来型の商品開発手法によって得られる平均売上額を大幅に上回るものであった（西川，2004）。当時，通常アイテムあたりの年間平均売上は3,000万円であった。一方，ユーザーイノベーションから開発された3商品の売上はそれぞれ「持ち運びの

している。2001年には61％と過半数を越し，2004年には今とほぼ変わらない86％に達している。わずか7年で一気に普及が進んだことがわかる。

4　消費者参加型商品開発（原著では製品開発）のためのWEBを開設していた企業21社のうち，消費者参加型商品開発専門企業はCUUSOO SYSTEM（原著ではエレファントデザイン「空想生活」）とエンジン「tanomi.com」の2社であり，メーカー・流通業者は次の19社であったNEC，カシオ計算機，コクヨ，湖池屋，シチズン，セイコーウォッチ，大塚食品，リコーエレメックス，東芝，ヤマハ，伊勢丹，良品計画，セブン‐イレブン，@コスメ，ユーズコミュニケーション，東洋水産（三井物産），和光堂（三井物産），カフェグローブ・ドット・コム（浜屋・田中，2003）。

表2-1　良品計画による「みんなの声からモノづくり家具・家電」販売実績[5]

商品名	販売価格 (円)	商品化 最小ロット	公開開始	発売開始	年商 (億円)	累計売上 (億円)	販売個数 (内予約分)
持ち運びの できるあかり	6,900	300	2001/09	2002/07	0.69	1.25	18,183 (815)
体にフィット するソファ	19,000	50	2002/01	2002/11	7.34	10.59	62,288 (622)
壁棚	1,000	300	2002/04	2003/04	0.7	0.74	73,577 (9,303)

出所：西川（2004），小川（2005）に筆者が加工。

できるあかり」6,900万円，「体にフィットするソファ」7億3,400万円，「壁棚」7,000万円であった（小川，2005）（表2-1）。こうした消費者参加型の商品開発が高い販売実績を挙げるという報告は，海外事例にも見ることができる（例えばvon Hippel, Thomke and Sonnack, 1999；Olson and Bakke, 2001；Lilien, Morrison, Searls, Sonnack and von Hippel, 2001）。よく知られた例として，Lilien et al.（2001）は，3Mでユーザーが参加した商品が従来型手法によるものに対して2倍以上の成績を残したことを明らかにしている。

1.2　コスト削減効果に関する実証研究

　ユーザー参加型オンラインプラットフォームを用いた商品開発手法の採用を通じて得られるとされたメリットは，売上増に関するものばかりではなかった。浜屋・田中（2003）は，ユーザー参加型の商品開発は従来の市場調査手法と比較して，大幅なコスト削減につながる点を主張している。企業が当時採用していたインハウススタッフによる従来型の商品開発手法では，情報の粘着性（stickiness）が高いがゆえに商品開発アイテム毎に調査費用がかかり，ユーザーのニーズ情報を獲得するコストが高いことが問題視されていた。商品開発にはニーズ情報と技術情報の双方が必要である。ニーズ情報を把握するためには情報が発生する局所（local）固有の背景知識が必要であるが，そのような知識はニーズが発生する活動に参加することによってのみ獲

5　2004年4月末時点。販売個数には予約分含む。

得できることから，メーカーにとって入手し難いものである（小川，2005）。ところが，オンラインプラットフォーム上での商業利用プロセスにユーザーがかかわるようになると，企業は入手困難なニーズ情報をユーザーから引き出せるようになった。企業がユーザー参加型オンラインプラットフォームを採用すると，売上を伸ばす確率が高まり，かつコストも抑えられる。そのようなメリットを，企業経営へのメッセージとして含んだ成功事例がメディアで多々扱われるようになり，オンラインプラットフォームを用いたユーザーイノベーションの商業利用プロセスを採用する企業は増えていった。

2 ユーザー参加型オンラインプラットフォームの商業利用の継続性に関する研究

2.1 企業タイプ別に見た商業利用の継続性に関する実証研究

　しかし加藤（2004）は，「消費者を商品開発に参画させてヒット商品を生み出したWebサイトが消費者参加型商品開発のページを閉鎖したり休止したりする例が目につくようになった」点に着目し，ユーザー参加型オンラインプラットフォームを用いた商品開発の有効性に疑問を投げかけた。そのような問題意識の下，継続状況の実態調査は行われた。調査は，ユーザーイノベーションの商業利用を目指すWebサイトを開設し商業利用に成功した企業21社に対して実施された。具体的にはメーカー，流通業者，ポータルサイト，そしてユーザーイノベーションの仲介業者の4つの異なる企業タイプが対象となった。この調査の結果，ユーザー参加型オンラインプラットフォームを継続している企業の構成比は47％に過ぎず，半分以上の企業が継続していないことがわかった。

6　加藤（2004）の調査では，「メーカー，流通業者以外の第3者」となっているが，その2社とはCUUSOOとtanomi.comであることから本分析ではユーザーイノベーション仲介業者と名称を変更して使用する。

7　加藤（2004）の調査対象は21社で継続した企業は9社だった。継続率はこの数字から筆者が導いた。また他の3企業タイプと比較して，メーカーだけが顕著にプロジェクトを中止する傾向が高いことが判明した（加藤，2004）。セグメント毎の継続率を見るとメ

加藤（2004）はアンケートを通じて商業利用プロジェクトを中止したメーカー10社に対しその理由を調べている[8]（表2-2）。メーカーが継続しなかった理由として生産や設計に関する課題が挙げられている。また，アンケートからは，製品の構造や生産ラインの制約の厳しさからせっかく集めたユーザーの要望が反映できない様子がうかがえる。実際に「構造や生産ラインの制約で消費者からの様々な要望に高いレベルで応えられない」うえに「商品開発には各種の技術も絡むため，聞いた意見をすぐに商品化するには困難」という声がメーカーから寄せられている。

　上記のメーカーは，対応策として「（企業が）用意したデザインとカラーから選択してもらう形式」にオンラインプラットフォームのメカニズムの仕様を変更する方針を表明したが，それは，事実上のユーザーイノベーションの商業利用の断念であったと考えられる。ユーザーが色や部品との組み合わせから最終商品を完成させるマス・カスタマイゼーション（mass customization）として知られる手法は，企業にとって情報収集の代替・補完手段として成立する。しかし，マス・カスタマイゼーションでは，企業が考えなかった枠組みを超えるイノベーションを得ることは期待できない。

　ユーザー参加型の商品開発手法は，メーカー[9]にとって，従来の手法では得られなかったユーザーに関する気づきや，ニーズの背景に関する知識を深める

ーカー12社中，10社が中止をしていた。継続したのは，ヤマハと下着メーカーのトリンプ・インターナショナルのみで，NEC，カシオ計算機，セイコーウォッチ，松下電器産業（現Panasonic），湖池屋，シチズン時計，コクヨ，東芝，リコーエレメックス，大塚食品は商業利用を果たしたが継続しなかった。一方，流通業者3社中，中止をしたのは1社だった。セブン-イレブンは中止したが，伊勢丹と良品計画は継続した。ポータルサイトは4社中，1社が中止した。Food's Foo（三井物産）は中止し，Cafeglobe.com，＠コスメとShes.netの3社は継続した。ユーザーイノベーションの仲介業者2社中，2社とも継続した。

8　ユーザーイノベーションで商品開発を成功させた12メーカーの中から，継続を中止した10社に調査を依頼し，8社が次の質問内容に回答した。〔質問内容〕「過去に御社Webサイト上で，消費者の意見やアイディアを収集して○○という商品が開発されていますが，それに続く同様の消費者が参加できる商品開発の企画は行われないのでしょうか？もし今後もそのような企画は予定されていないとすれば，その理由は何なのでしょうか？」（加藤，2004）。

9　ここでいうメーカーは工業製品を量産する企業を想定している。加藤（2004）で調査の対象となった企業も家電，時計，計算機，菓子などの量産を行うメーカーであった。

表2-2　オンラインプラットフォームを用いたユーザーイノベーションの商業利用
　　　　を中断した企業とその要因

企業	商品化を継続しなかった要因
A社	● 消費者参加の商品企画については，現段階では実施の予定はない。 ● ○○という商品は他の同類の商品と比較して，独自の構造や生産ラインの問題でいろいろな制約を受けるため，多くの消費者からの様々な要望には，高いレベルで応えられない。 ● 以前実施した時も，当方で用意したデザイン，カラーから選択してもらう形式であった。 ● マーケティング活動の一環として，消費者の意見を聞く場を作る構想はある。ただ，商品開発には各種の技術も絡むため，聞いた意見をすぐに商品化するというのは，現実的には難しい面もある。
B社	● 消費者参加による商品開発のページは，会員制コミュニティとして初期目的の，商品に関するデザインや多くの意見を収集でき，商品やサービスに様々な形で反映させることができたため終了となった。
C社	● 過去に収集したアイディアや意見は，いろいろな形で商品にフィードバック中である。 ● 今後も前向きな検討を考えているが，その実施方法については模索中である。
D社	● 過去にアンケートを基に商品開発を行ったが，現在のところ消費者参加型商品開発を行う予定はない。
E社	● 過去に商品化した商品の注文受付も，現在は行っていない。
F社	● 消費者参加型商品企画は現在ストップ状態。これまでの企画にはいくつかの課題があり，それらをクリアできなければ新しい企画は実施できない。
G社	● 消費者の意見を集めての商品開発は現在行っていない。今後そのような開発を行うかどうかは現段階では未定。
H社	● 現在公開中の取り組みはない。

出所：加藤（2004）の調査を基に筆者が要約のうえ作成。

　情報収集の代替・補完手段としては，機能することが一般的に共有されたが，実際に商業利用に至る研究開発や，商品企画の代替手段としての有用性の観点からは，経済的に合理性が働きにくいことが明らかにされていった。このようにユーザーイノベーションの商業利用には，企業タイプや製品特性に向き不向きがあることが判明した。とりわけメーカーは，すでに保有している生産施設では対応できない商品案をリクエストされても対応しづらく，メーカーのオンラインプラットフォームを用いたユーザーイノベーションの商業利用には限界があることが明らかとなった。

　加藤（2004）の研究を契機に，オンラインプラットフォームを用いたユーザーイノベーションの商業利用を促進するには，柔軟な生産設備を有したパ

ートナーをマーケットから選択することが有効であることが明らかになった。同研究は，企業経営一般の観点から「Webサイトを用いての消費者の商品開発への参加は成果を出していないのではないか」という事実解明的考察を目指したものであった。しかし，研究によって明らかになったのは，ユーザーイノベーションの商業利用には企業によって向き不向きが存在するという事実であった。そして，加藤（2004）の研究は，商品案によって商品化に必要な生産設備が異なるため，メーカーであっても，将来の市場ニーズに対応するには商品プロジェクト毎に取引先を変更する柔軟な立場がとれるかどうか，という経営課題を示した。

2.2　社外パートナー活用が商業利用の継続性に及ぼす影響に関する研究

　加藤（2004）はユーザーイノベーションの商業利用プロジェクトの企業タイプ毎の継続性に焦点を合わせたのに対して，西川ほか（l2013）は継続性にフォーカスした調査を行っている。前述したように，加藤（2004）の調査結果では，メーカー12社中，継続したのが2社であった。メーカー以外の企業は，合計9社のうち7社が継続していた。それぞれ17%と78%の継続率となり，両タイプには大きな差が存在し，メーカー以外の企業タイプの継続率が高いことがわかる。加藤は，メーカーではない企業タイプが高い継続性を示すことができる理由に，市場を介してユーザーのニーズを満たすのに不足しているリソースを外部のパートナー企業に要求できる点を挙げている。

　西川ほか（l2013）は，加藤（2004）の調査対象企業に対して，商業利用の継続要因に関する調査を行い，高い販売効果があるかどうかは継続性を左右せず，むしろ自社の販売チャネルを有していること，ブランドコミュニティ（brand community）を有していること，商品に対して高い商品関与度を有していることの方が重要であることを発見した。つまり，西川ほか（l2013）の研究成果は，継続性を決定する因子の説明を通じて加藤（2004）による企業タイプ別の継続性に関する研究を進めた。この研究は，流通業者，ユーザーイノベーションの仲介業者，ポータルサイトなどの「仲介するアクター」の方がメーカーより商業利用プロジェクトを継続しやすいという加藤（2004）の分析結果とも符合している。

表2-3 企業タイプ毎ユーザーイノベーションの商業利用による効果と課題

企業タイプ	ユーザーイノベーションの商品開発に取り組んだ理由	継続性に関する課題	結果
メーカー	● 自社商品や既存商品の改良に向けた仮説検証に効果が期待。 ● ユーザー間の口コミによる販促効果。	● 商品開発には各種の技術も絡めるためすぐに商業利用するのは困難。	ほとんどが中止
流通業者	● ユーザーの情報収集ノウハウを活かしてメーカーと提携。短期間で商業利用が可能。 ● 実店舗の店頭に開発商品を並べて、ユーザーに安心感を与えることができる。	● アンケートなどに限定。斬新なニーズ情報の吸い上げに限界。	継続
仲介するアクター	● 斬新なアイデアが集まりやすい。 ● 生産はメーカーに委託。 ● 企業へのシステム提供により利益確保。	● 少数派ニーズのニッチ商品に偏りがち。 ● メーカーや販売会社との調整に時間がかかる。	継続
ポータルサイト	● メーカーや販売会社とは、あらかじめ提携の形が採られているため、支援が得やすく短期間で商業利用できる。	● アンケートなどに限定。斬新なニーズ情報の吸い上げに限界。	継続

出所：加藤（2004）に筆者が要約。

　また，ユーザーイノベーションの仲介業者は，消費者の要望を集めたうえでメーカーを探す時間がかかる一方で，複数のメーカーの中から最適のパートナーを選定するため，製造設備の制約はメーカーより受けにくい。最後に，ポータルサイトはメーカーや流通業者と提携する方式を採るため，ユーザーからのサポートも得やすく，流通業者やユーザーイノベーションの仲介業者同様メーカーが抱える生産設備からくる製造に関する制約を受けにくい（表2-3）。つまり流通業者，ユーザーイノベーションの仲介業者，ポータルサイトのいずれの企業もメーカー固有の既存製造設備の制約から自由であるため，ユーザーが望む商品アイデアを実現しやすい。このことから，メーカーが超えられなかった壁を，仲介者が社外リソースを上手に使って乗り越えている様子が浮かび上がってくる。このユーザーでもメーカーでもない広い意味での「仲介するアクター[10]」が，「複数メーカーの中からユーザーの求める仕様

10　マーケットマイクロストラクチャー理論の仲介者と，加藤のユーザーイノベーション

を満たす取引先を探し出す」ことにより，商業利用プロジェクトを成功裡に導いていることがわかる。

3 ユーザー参加型オンラインプラットフォームの商業利用におけるメカニズム研究

3.1 プロセス研究

それまでのユーザー参加型のオンラインプラットフォームの商業利用に関する研究が事例調査を中心としたものであったのに対して，「需要形成のプロセス」研究（山下，2002）は商業利用の背景に存在する動的なメカニズムに光をあてた。すなわち，ユーザーの投票データの分析から，サービスの需要が自律的に集まって形成される「集積」（agglomeration）の概念を用いてユーザー参加型オンラインプラットフォーム上での商業利用のメカニズムを説明した[11]。

UD型のユーザーイノベーションの商業利用プロセスでは，ユーザーの投票の集積に伴い，市場が形成されていく。この点に着目し，山下（2002）は投票が集まる分析から，需要が形成されるメカニズムを解明できないかと考えた。十分な需要形成に成功したアイテムと，需要が集積されなかったアイテムをケースとして抽出し集積する過程を時系列にプロットしたところ，投票の集積はランダムに起こるのではなく，ある時期に波状に集中して起こっていた。また一定期間内に集中的な集積が起こる商品案は，商業利用の必要規定数に到達する確率が高かった。メールマガジンを通じてユーザーに「あとわずかで投票の目標値に達成しそうだ」と呼びかけると，需要の集積が発生することが観察されることなどから，特定のタイミングに仲介者から発信

の仲介者が紹介するアクターとしての役割の呼称を特に断りのない限り統一する。

11　ここにおける「集積」は「ユーザーの好みや共感といった変数を核にして似た欲求を持つ個が自律的に集まる，あるいは似た欲求が集積プロセスで形成される」ものであって「数量化された変数のセットとして個を捉えて統計的手法で似た個をグルーピング」する「集合」（set）といったマーケティングで顧客発見のために用いられる顧客セグメンテーションなどの概念とは区別される（山下，2002）。

されたメッセージと需要の集積に因果関係があることを示し，背景にある集積につながるユーザーの行動を誘発するメカニズムの存在に言及した。

　しかし，仲介者から同類のメッセージを含むメールマガジンなどの送付があっても必ずしも集積が起こるわけではないため，集積のメカニズムの一般性についての検証結果が得られたとはいえなかった。需要集積に関する研究は，「ユーザーの好みや共感といった変数を核にして似た欲求を持つ個が自律的に集まる，あるいは似た欲求が集積プロセスで形成される」（山下，2002）という視座に立って，ユーザーイノベーションのメカニズムを通じた理解を一歩前進させたが，需要集積メカニズムがどのようなものであるかを示すには至らなかった。

　また，山下（2002）の研究は，投票を通じて購入意思を表明するユーザーを対象とした。つまり，ユーザーイノベーションの商業利用において，供給サイドではなく需要サイドの合理性にも焦点をあてた初めての研究といえる。それまでのユーザーイノベーション研究はリードユーザー型のケース研究が中心であったため，イノベーションを起こすリードユーザーもしくは商業利用を行う企業を対象に研究が行われることが多かった（例えばvon Hippel, 1976, 1986; Bogers et al., 2010など）。すなわち，ユーザーイノベーション研究においては，需要がどのように形成されるのかが研究対象となることは少なかったのである。

　投票を通じて購入意思を表明するユーザーを研究対象に含める山下（2002）の視点は，後に小川（2005）に受け継がれ，UD型と呼ばれるユーザー参加型のユーザーイノベーション・プロセス研究によって，購入するユーザーの重要性の認識へつながる。UD型のプロセスの研究は，需要を形成するために企業がメカニズムにどのような工夫を加えたかを研究対象とするものであった。これらの研究対象は必ずしも需要サイドではなかったが，購入するユーザーの行動を理解するのに十分に役立つものであった（表2-4）。

　UD型のユーザーイノベーションプロセスの研究は，投票メカニズム（voting mechanism）がユーザーイノベーションの商業利用に果たす役割に光をあてた。Ogawa and Piller（2006）は，それまでのリードユーザーが商品アイデ

表2-4　UD型ユーザーイノベーション商業利用プロセス

1	リードユーザーが商品コンセプトを提案する。
2	ユーザーコミュニティが投票を通じてリードユーザーのコンセプトを評価する。
3	ユーザーコミュニティが仮予約を通じて，企業に対してリードユーザーのコンセプトの市場性を可視化する。
4	市場性があると判断されたコンセプトは企業により製造される。
5	企業により量販され，ユーザーの手に渡る。 商業的な成功に応じてリードユーザーにロイヤリティが支払われる。

出所：Ogawa and Piller（2006）より著者作製。

アを提案する投稿メカニズム（submission mechanism）に一般ユーザーが投票を通じて購入意思を表明する投票メカニズムが加わることで，企業によるユーザーイノベーションの商業利用が促される点を指摘した。

小川（2005）は，良品計画がユーザー参加型の商品開発を開始するに際し実施したパイロットスタディを対象に，最初は投稿メカニズムを採用していた同社が，どのような経緯で投票メカニズムを含むUD型のプロセスを導入するようになったのかを明らかにしている。良品計画が最初に行ったパイロットスタディは，ユーザーからアイデアを集めて，そのリストの中から同社が良いと思われるアイデアについて商品化を行うものであった。ユーザーからアイデアを投稿してもらう手法は，当時，他の企業も採用する一般的なメカニズムであった。この実証実験を兼ねたパイロットスタディには，約500人のアクティブなユーザーが商業利用のアイデアを投稿し，良品計画はこれらのアイデアの中から商品化するアイテムを選び販売を行った（小川，2005）。同社が効果測定のため，販売後にアイデアを投稿したユーザーがどの程度購入したのかを調査したところ，測定結果は同社が立てた当初の予想とは大きく異なるものであった。

当時，同社の関連会社の幹部でもあった西川（2003）は，この時の様子を特定ユーザーの要望を具現化した以上，投稿したユーザー本人が購入していることを期待しても不自然ではないと思われたが，アイテムを実際に購入したユーザーは約500人のうちごくわずかだったことから，アイデアを受け付けて商品化を行うだけでは望ましい商品開発結果をもたらさないことが明ら

かになったと評価している（西川，2003）。

　さらに，西川（2003）はこのパイロットスタディの結果から，良品計画は店舗，ブランド，顧客といった販売に資する同社の経営資源を組み合わせない，アイデアを聞くためだけの投稿メカニズムを採用する合理性を見出すことはできず，同社が目指すユーザー参加型の商品開発を実施するためには，消費するユーザーを十分に集積するメカニズムが内包されている必要性があったと評している。小川（2005）もまた，このユーザー参加型のプロジェクト「みんなの声からモノづくり家具・家電」を立ち上げる直前に良品計画が行っていた別のパイロットプロジェクトではユーザーが単にアンケートや書き込みを通じて商品開発に参加するだけでは消費するユーザーが集まらないことが問題視された点を，同社を対象に行ったインタビューで確認している（小川，2005）。

3.2　アクター研究

　良品計画がオンラインプラットフォームを用いてユーザーイノベーションの商業利用に取り組み始めた当時，多数の企業が電子商取引に参入したことでインターネット上におけるデジタルマーケティングの知見も蓄積され始めていた。その中の1つに，ユーザーによる口コミ情報の販売促進効果の高さが挙げられた。デジタルマーケティングの分野では，ユーザーの情報発信の活発度合いに応じて分類し，発言が活発なユーザー（RAM：radical access member）と，もっぱら閲覧に徹するユーザー（ROM：read only member）に区別したうえでそれぞれに対策が必要なことが指摘されるようになっていた（國領・野原，2003）[12]。

　ここで興味深いのは，実際に購入する率が高いのは熱心なRAMユーザーではなく，目立たないROMユーザーであるという指摘である（國領・野原，2003）。投稿メカニズムを採用したパイロットスタディから満足な結果が得られなった良品計画は，ユーザーが単にアンケートや書き込みを行うだけでは購入するユーザーが集まらない問題に対し，消費をするユーザーの参加を

12　ユーザーイノベーションの商業利用の投稿メカニズムは，このようなRAMユーザーを対象にしたものであるといえる。

促すメカニズムを有するUD法に解決策を求めた（西川, 2003）。UD法では，プロジェクト進捗状況を閲覧するだけのROMユーザーも投票であれば負担が少ないことから参加を厭わないことがわかっていた。また，企業にとって投票の集計結果は，需要の先行指標として機能することも理解されていた（小川, 2005）。

良品計画が投稿メカニズムだけでは十分な効果が得られないため投票メカニズムの採用を決定したことは，ユーザーイノベーションの研究史上において重要であったといえる。なぜなら，ユーザー参加型オンラインプラットフォーム上でのユーザーイノベーションの商業利用にリードユーザーというアクターの他に，これまで重要視されていなかった消費をする一般ユーザーというアクターを加えたことを意味するからである。小川（2005）によるUD法の研究は，商品を購入するユーザーが果たす役割の理解を進め，需要サイドを構成するアクターの効用の理解へとつなげた。

UD方法の実施に踏み切った良品計画は，その後，商品あたりの平均売上を上回るヒット商品を生み出すことに成功した（西川, 2003）。UD法は実際に購入するユーザーを集めたい企業の課題解決のためのメカニズム上の工夫であったと同時に，ユーザーにとっては投票結果を忠実に商品アイデアの選定に活かしてもらえる商品開発サービスの開始でもあった。この良品計画のUD法の採用事例から，企業によるオンラインプラットフォーム上のメカニズムの修正・変更がユーザーとの相互作用の在り方に望ましい影響を与え得ることが見て取れる。

一連の良品計画の研究は，投稿と投票の2通りのメカニズムの比較を通じて，適切なメカニズムをインターネット上で展開することの企業へのメリットを明らかにしたといえる。これらのメカニズムは，異なる時期に実施されたものの，同一企業による異なるメカニズムの採用がもたらした帰結を比較したものであったことから，企業がオンラインプラットフォームのメカニズムの採用を戦略対象として取り扱うことの経営含意を有している。

さらに，これらのUD法の研究は，消費するユーザーにも「商品化の決定プロセスに参加して，望ましい商品を手に入れる」効用が存在することを，実証研究を通じて明らかにした（小川, 2005）。von Hippel（1976, 1986）らの研

究により，リードユーザーが起こすイノベーションの効用は理解されていた
が，消費するユーザーがユーザーイノベーションの商業利用プロセスに参加
することの効用は，それまでは研究の対象となっていなかった。小川（2005）
の研究は，企業だけでなく，そこに参加する消費を行うユーザーの効用にも
光をあてたという意味で，オンラインプラットフォーム上でのユーザーイノ
ベーションの商業利用におけるアクター研究として重要であった。

　一方で，既存研究において，企業とユーザーの間を仲介するアクターに関
する分析は限定的で，仲介者の効用についての理解は十分でない（例えば加
藤，2004；西川，2003, 2004；小川，2002a, 2006）。西山・藤川（2016）は，仲
介者には企業とユーザーの2アクターの間の利害を調整するレギュレーター
としての役割があることを指摘しているが，このユーザーでもメーカーでも
ない「仲介するアクター」が自らの効用を高めつつ，仲介する相手方である
企業とユーザーの効用を満たすために，それぞれのアクターの間に入ってど
のような働きかけをしているのかは明らかにされていない[13]。

4　まとめ

　この章では，以下の点が明らかになった。1990年代後半に日本で端緒に就
いたユーザー参加型オンラインプラットフォームの商業利用のプロジェクト
は，それまで海外で研究されてきたリードユーザーがイノベーションを行う

13　このアクターモデルの考え方では，企業，ユーザー，仲介者をそれぞれ構成員とする
　アクターがそれぞれに固有の効用の最大化を目指して相互に作用を行うと説明される。企
　業は，ユーザーの望む仕様の商品を販売することで利潤の最大化を目指し，同時に利潤
　の一部を費用として用いて，ユーザーが望む仕様を理解する。ユーザーは，望む仕様の
　商品・サービスを企業に対価を払って入手しニーズを満たし，同時に企業に対してイノ
　ベーションを含むニーズを満たすのに必要な商品の情報を企業に提供する。仲介者は営
　利活動あるいは非営利活動として両者の間に入って，両者の利害の一致が最大化するよ
　うに環境を整備する役務を提供する。仲介者は企業，ユーザーのいずれかあるいは双方
　の利害を代弁し，目的が達成された場合は企業から成功報酬（success fee）などの対価
　か，コミュニティー（community）から栄誉（kudos）を得る。西山・藤川（2016）で
　は第3のアクターはレギュレーターとされるが，本研究では用語を「仲介するアクター」
　ないし「仲介者」に置き換えて用いる。同様に第2のアクターの顧客も「ユーザー」に
　統一して用いる。

とするモデルとは異なるものであった。リードユーザー法（LU法）と比較して，新たに日本における事例で観察されたユーザードリブン法（UD法）は，インターネットの普及の動きに伴って生じたものであり，企業とユーザーの相互作用を前提に，商業利用を目的としたオンライン上のメカニズムがあらかじめ組み込まれていた。UD法で議論されたオンラインプラットフォーム上での投票メカニズムは，それまで企業がユーザーの意見を採用するという意見集約型のメカニズムや，企業が用意するオプションをユーザーが組み合わせて発注するマス・カスタマイゼーションのメカニズムとも一線を画していた。

　UD法研究の進展を促した良品計画のケーススタディの結果，投票メカニズムを採用すると，最終商品の仕様決定のプロセスに消費をする一般ユーザーが参加できるようになるため，実際に消費を行うユーザーの効用を高めることが判明した。投票メカニズムを核としたユーザー参加型オンラインプラットフォームの商業利用のマネジメント手法は，商品案を提案するリードユーザー以外に，消費するユーザーも価値の創造に参加させることを可能にした。投票メカニズムは，消費するユーザーに購入意思の表示というコミットメントを要求した。一方で，投票数が増えると，ユーザーにとって望ましい商品案が商品化決定されやすくなるというメリットも約束していた。そのような企業と消費するユーザーの相互作用は，消費するユーザーに対してだけでなく，企業に対しても商品開発前に購入希望をするユーザーの市場情報を取得できるメリットを同時にもたらした。企業がユーザー参加型オンラインプラットフォームの商業利用のメカニズムを戦略的に選択することによって，各アクターの行動に変化を促し，企業にとってより望ましい成果が得られることから，ユーザーイノベーションの商業利用を継続する判断が下されることも示唆された。

　企業が主催するユーザー参加型の商業利用を目的としたオンラインプラットフォーム上の特徴は，1. 企業が商品化を行うこと，2. リードユーザーが最初の提案を行うこと，3. 消費するユーザーが投票を通じて最終案の選定に参加すること，4. オンライン上で発生すること，であった。投票メカニズムを通じて消費するユーザーの参加を得ることで，単にリードユーザーからの意

見を収集するだけでは達成できなかった売上につながる新市場の発見や，ニーズ発見に係るコスト削減を企業は実現することができた。一方で，観測される事例は対象が限られているために，一般性を十分に担保したものとはなっていない。また，ユーザー参加によるオンラインプラットフォームを継続させるためのメカニズムの詳細は，未だ解明はなされておらず，研究課題として残されている。

第3章

研究手法

第3章の要旨

　ここでは，分析のフレームワークについて説明を行うとともに，研究手法の有効性を検証する。分析のフレームワークには，イノベーション研究からユーザーの関与によりイノベーションが発現するメカニズムに関する知見，経営研究から企業の行動論理，そしてミクロ経済学研究から複数のアクター間の取引に均衡がどのようにもたらされるのかを考察する理論を求めた。研究手法として，定性分析に定量分析を加えたマルチメソッドデザインを採用する。具体的には，ケースの比較分析を行い，その上で観察された対象間の相互関係に着目して定式化を行い，数値設定のうえ，シミュレーションを行う。

1　分析のフレームワーク

　本研究の目指すところは，ユーザーイノベーションの商業利用のメカニズムを明らかにすることである。一般性の高い知識として提示するために，なるべく単純なモデルを用いてメカニズムを説明することを心がける。ユーザーを含む商業利用のプロセスに参加する全てのアクターの特定と，それぞれの合理的意思決定基準を理解することで，それぞれが繰り返し行う相互作用を理論的に説明し，その上で，ユーザーがいかに企業に商業利用の意思決定をさせるのかをモデルとして提示する。

　ユーザーが生み出したイノベーションが企業に提供され，それを企業が商業利用して利益を得ることは，ユーザーと企業が相互に関与して得られる帰結である。この帰結に至る過程をメカニズムとして理解するためには，観察で得られたアクター間で交わされるやり取りに加えて，背景に存在する様々な約束ごとなどにも注目して過程形成を一般化する必要がある。このことか

図3-1　分析のフレームワーク

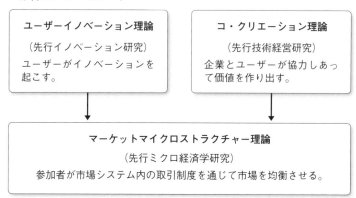

出所：筆者作成。

　ら，複数アクターが参加する市場で均衡が得られる過程形成において，取引
制度や規制の影響を解釈するために用いられる一般的な理論をフレームとし
て用いることは，本研究に適している。このような考えに基づいて，本研究
ではイノベーション研究の分野で先行するユーザーイノベーション理論によ
って得られたユーザーによるイノベーションの発現に関する知見と，技術経
営研究で先行するコ・クリエーション（co-creation）理論による企業合理性
の理解に加え，ミクロ経済学研究で用いられるマーケットマイクロストラク
チャー理論（market microstructure theory）による市場均衡のメカニズム
の考え方をベースに，ユーザーイノベーションの商業利用の理論的解釈を行
う（図3-1）。
　ユーザーイノベーション理論は，ユーザーがイノベーションを起こす際の
ユーザーの合理的意思決定メカニズムを解明する（例えばvon Hippel, 1976,
1986）が，ユーザーイノベーションを商業利用する際の企業の行動論理の説
明は，むしろ企業とユーザーが経済価値を共創するメカニズムを説明したコ・
クリエーション理論に求められる（Prahalad and Ramaswamy, 2000, 2004a,
2004b）。さらにオンラインプラットフォーム上で，ユーザーイノベーション
がどのような取引制度や規制の結果，企業に採用され，商業利用に至ってい
るかを理解するには，ミクロ経済学からの視点を追加する必要がある。本研

究では特に，マーケットメカニズムの解明に向けて，マーケットマイクロストラクチャー理論を援用する。この理論は，企業が自身の利益の最大化を目指す行動原理に基づいて価格を調整した結果，需要と供給が一致するメカニズムが働き，市場が形成されるという考え方をとる（例えばO'Hara, 1995；Spulber, 1996a, 1996b, 1999；Choi, Stahl and Whinston, 1997など）。

1.1　ユーザーイノベーション理論

　ユーザーがイノベーションの発生過程で果たす役割に関する研究は，産業財ユーザーの研究から始まった。新商品の仕様がその製品を製造する企業ではなく，注文を出すユーザーによって生み出されているという事実の解明は，イノベーション研究に新たな視座を提供するに至った。当初，そのような発見はガス・クロマトグラフや核磁気共鳴分光器といった科学機器等の特殊な分野においてなされた（von Hippel, 1986）。研究対象となったイノベーションを起こしたユーザーは大学の研究者であった。このようなユーザーは，企業の理解が及ばない先端的な領域の研究を担う。そこから，企業よりもユーザーが製品特性や使用現場を熟知しているという状況が発生する。このように，ユーザーイノベーションは，特定の個人によって行われる傾向がある。それがゆえに，イノベーションを生み出した主体であるユーザーは，特殊なユーザーであるといえる。こうしたイノベーションを先導する特殊なユーザーは，市場における多くのユーザーよりもニーズを感じていたため，自ら仕様を定義し注文をする追加的なコスト負担を厭わなかったと考えられる。一刻も早い解決策を求めて，自ら進んで解決策となる商品プロトタイプを作り出すユーザーは，リードユーザーと呼ばれる（von Hippel, 1986）。

　リードユーザーが単なる消費者という役割から離れて，イノベーションを起こすことにも効用があることが知られている。問題を解決したいと考えるリードユーザーは，イノベーションを自ら起こすことで，解決行為によって得られる効用が高く，そのイノベーションを起こすために必要な投資がユーザー自身で賄える場合，リードユーザーにはイノベーションを起こす合理性が生じる（von Hippel, 1988, 1994；Ogawa, 1998）。これらのリードユーザーの行動原理に関する研究により，ユーザーであっても消費から得られる効用

とは別に，イノベーションを起こすことで得られる効用が存在することの合理的な説明がなされた。

　1990年代に入ると，消費財における分野でもユーザーがイノベーションを行う事例が報告されるようになった（例えばLüthje and Herstatt, 2004；Shah, 2000）。この時期に行われた研究により，イノベーションを起こす特殊なユーザーが存在するのは産業財の分野にとどまらないことが判明した。具体的には，医療現場やスポーツ業界などの様々な分野においても，同様にリードユーザーが存在しイノベーションを先導して起こしていることが報告された。そして，多くの事例研究を通じて，リードユーザーがイノベーションを起こす行動には合理性がみられ，一般性があることが解明されてきた（Franke and Shah, 2003；Lüthje, 2004）。

　一方で，ユーザーイノベーションは，非常に稀な事象であるということもわかっている。総ユーザーに占めるリードユーザーの比率はせいぜい5％程度である[1]（例えばvon Hippel et al., 2011；von Hippel, 2005）。またリードユーザーの50％は継続してイノベーションを起こさないことがわかっており，ユーザーイノベーションの出現率は低い（von Hippel et al., 2011）。イノベーションを起こすリードユーザーは，特殊な環境下や限定的な地域に偏在する傾向があるため，仮に企業がリードユーザーを活用してイノベーションを商業利用したいと考えても，イノベーションの源泉となるリードユーザーを企業が発見することは困難とされていた。

　しかし，2000年代に入るとオンライン上で情報を共有するコミュニティ・オブ・インタレスト（community of interest）と呼ばれる共通の利害や趣味を持つユーザーコミュニティの台頭が報告されるようになり，オンラインコミュニティのマネジメントの理解が進んだ（Hagel and Armstrong, 1997）。イノベーションによって得られる利得が大きい場合，イノベーションに関する情報は短期間にユーザーコミュニティ間で共有され，その結果，ユーザーによる追加的なイノベーションが発生することなどが報告されるようになった

1　2009年にvon Hippel, Ogawa, De Jongらは米国，日本，英国において，ユーザーがどの程度イノベーションを起こしているのかについて大規模な調査を行った。そこ結果，米国では5.2％，日本では3.7％，英国では6.2％の消費者がイノベーションを行ったということがわかった（von Hippel et al., 2011）。

（Chesborough, 2003；von Hippel, 2005）。 日本においては，1990年代後半からユーザーイノベーション由来の商品化の研究が盛んに行われている。インターネットの黎明期と重なることもあり，消費財を扱う企業によるユーザーを起点とするイノベーションを商業利用する試みに関して，多くの事例研究がなされている[2]。日本におけるユーザー参加型の商業利用プロジェクトはその後，増加をたどるが，2000年代中頃にはプロジェクトが縮小もしくはサービス停止となる事例が相次いで報告されるようになる[3]。その後も追跡研究が行われ，ユーザー参加型の商業利用プロジェクトの実施数は低く留まっていることが報告されている[4]。このような系譜の中，ユーザーイノベーションの商業利用プロジェクトは企業にとっての戦略的貢献が認められつつも，継続性に疑問がもたれ，新商品開発手法として確立していないというのが現時点における共通理解となっている（例えば小川，2002a，2002b；岡田・加藤，2003；加藤，2004；西川ほか，2013）。

　継続性の観点からユーザーイノベーションが商業利用される事例に，ホワイトウォーターカヤック（white water kayak）などの事例が有名である[5]。これらは，米国を中心に50年に及ぶユーザーコミュニティを中心とした企業を

2　株式会社エンジンの「tanomi.com」サービスが開始したのは1999年12月，エレファントデザイン株式会社の「空想生活」サービスが開始したのが1997年11月である。小川（2006）は消費者参加開発が台頭し始めたのは1990年後半とし，代表的な企業として上記の2社を選びケーススタディを実施している。

3　2004年の時点ですでに加藤（2004）は新しいサービスが開始される一方で先行しているサービスが中止している現状を指摘している。岡田・加藤（2003）は調査を通じて消費財企業165社を対象に消費者コミュニティを設置している114社のうち，双方向コミュニケーションが手軽にできる企業が22社にとどまり，その中で積極的にコミュニケーションツールとして活用されている事例は7社に留まっていることを明らかにした。

4　2013年には西川を中心とする研究グループは，加藤らが扱ったケースを対象に，消費者参加型の商品開発を行った企業57社に対して追加調査を行ったところ，同様の活動を継続している企業は7社にとどまっていることを明らかにした（西岡ほか，2013）。

5　2006年にHienerthを中心とする研究チームはスポーツ競技のホワイトウォーターカヤックという競技におけるイノベーションについての研究を行った。その研究において同競技発祥から50年の間に起こったイノベーションを法人とユーザーがどのように分担してきたのを明らかにした。例えば，製品イノベーションに関しては7割がユーザーによるイノベーションであったことが明らかになっている。このケースは企業とユーザーが分担して起こしたイノベーションの結果が競技そのものの継続的な発展につながっていることを示している（Baldwin, Hienerth and von Hippel, 2006）。

含むアクターの集団が共に市場を形成した事例である。とはいえ，この事例は，50年という長期間において，どのようにイノベーションがその後の市場形成に影響を与えたかを明らかにしたものである。一方，本研究は，企業経営戦略（business management strategy）論の観点から，ユーザーイノベーションを経営の中でどのように活用すべきか，という点を解明することが目的であり，長期にわたる現象は，時間軸の観点から参考となりにくい。

　このような一連のユーザーイノベーションの理論により，ユーザーが企業よりも先にイノベーションを起こす行動の合理的な理解や，どのようなプロセスで企業が商品化につなげていくのかを理解できるようになっていった。しかし，商品化というプロセスは，企業が製品を製造し，販売することによって完結するため，ユーザーがイノベーションを起こす論理の分析だけでは，ユーザーイノベーションの商業利用が継続するメカニズムを理解することはできない。次節では，新商品を生み出す企業活動を分析するフレームを考察する。

1.2　コ・クリエーション理論

　本節ではコ・クリエーション理論を用いて，ユーザーイノベーションの商業利用に関する企業活動を継続性の観点から再考する。考察に際して，企業を取り巻く市場環境（market environment）と，企業自身の企業ケイパビリティ（corporate capability）の2要素に分けて検討を行う。

　企業を取り巻く環境の中で，継続性に関係するものとしてインターネットの普及は無視できない。インターネットの普及に伴い，企業がユーザーとの価値共創を経営手法として取り込む事象も増加し，それらを説明する理論も発達した（Chesborough, 2003; von Hippel, 2005）。インターネットの台頭によって，イノベーションに関する情報は短期間にユーザーコミュニティ間で共有されるようになるとともに，それまで特定することが困難とされていたリードユーザーへのアクセスも容易となった。その結果，企業が主催するユーザーイノベーションを契機とした商業利用のプロセスへの，リードユーザーの参画が可能性として検討されるようになった。このような急速なインターネットの普及を背景とした探索技術の発達は，それまで分散しているがゆえ

に発見が困難であったリードユーザーによるイノベーションの源泉となる知識へのアクセスコスト（access cost）を低減することが解明された（Lakhani and Jeppesen, 2007）。また，ユーザーが固有に保持する情報の粘着性の高いニーズ情報に関しては，リードユーザーと企業の双方がオンラインに参加することで，ユーザーイノベーションの発生箇所からイノベーションを必要としている箇所へ伝わりやすくなるとする考え方も議論されるようになった（小川，2000, 2005）。このように，オンライン探索技術の向上は，企業経営の観点からすれば，ユーザーイノベーションの安定的な供給を約束する社会的基盤が整い始めたことを意味する。

　続いて，企業が継続的にユーザーイノベーションを商品化するためのケイパビリティについて検討を行う。オンライン化によってユーザーイノベーションは，ユーザーコミュニティ間での共有が促進されるようになった。これを機に，リードユーザーと企業の間での情報共有の在り方についても，企業経営の観点から議論が進んだ。例えば，コ・クリエーションに係る研究において Jeppesen and Frederiksen（2006）は，ツールキット（tool kit）と呼ばれるユーザーイノベーションを手助けする環境を企業がユーザーのために用意することで，「企業主催型ユーザーコミュニティ」を形成し，企業にとって望ましいユーザーイノベーションが誘発できることを説いた。それまでは，オンライン上に分散して存在するリードユーザーは自律的にコミュニティを形成していたため，企業にとっては，常に探索の対象であった。そのため，企業にとっては，ユーザーイノベーションへのアクセスが課題となっていた（von Hippel, Franke and Prügl, 2009）。ところが，従来型のスクリーニングといったアウトバウンドでユーザーにアクセスする手法などではアクセス先に限界があった。そこで，インバウンドでユーザー側から企業にアクセスを促せないかという議論が起こり，企業はリードユーザーにとって価値のあるプラットフォームを開発するようになる。実際，このようなツールキットを用いることで，ユーザーは自律的にイノベーションを企業に提案するようになっていくことが実証され，これらのプラットフォームに関する技術は，これまで探索されなければ特定できなかったイノベーションの顕在化を促した（Ogawa and Piller, 2006）。

ユーザーイノベーション理論では，ユーザーイノベーションが企業に与える効用として企業単独では発見し得なかった新市場が発見できることが強調されてきた（von Hippel, 1986）。これは，他社が発見し得なかった市場であるがゆえに，市場を先取りした差別化可能なヒット商品が生み出せることを示唆するものであった。しかし，企業は単発的にヒット商品を生み出せるというだけでは，その手法を採用し続けない（加藤，2004）。企業には，継続企業の前提（going concern）が経営の根底にある（長久保，1999）。継続企業の公準は，会計の基本概念の1つであり，この概念に資するメカニズムは積極的に取り込み，そうでないものは排除するインセンティブが内包されている。企業がこれまでユーザーイノベーションの商品化を継続してこなかった背景には，それまでのユーザーイノベーションの商業利用の取り組みが，企業の効用を長期的に満たしてこなかったことに対する企業の合理的な意思決定判断が存在しているといえる。

　従来，企業はイノベーションを研究開発部門による体系的な科学的研究の成果として捉えてきた（Bell, 1973）。このような視点からは，大学教育を要求される専門職・技術職，とりわけ科学者と技術者の労働力構成の増大により知的技術の管理能力が向上できると考えられてきた[6]。しかし，イノベーションを起こすリードユーザーの合理的な意思決定判断は，企業の思惑とは独立したものである（von Hippel, 1986）。ユーザーがイノベーションを生み出すのは，雇用契約によるものではなく，企業組織の管理体系とは無関係なインセンティブメカニズムが働いた結果であると考えられる。したがって，雇用関係のない不特定多数の個人が生み出すイノベーションの分析は，従来の経営資源配分などのマネジメント手法だけで対応するには限界がある（Prahalad and Ramaswamy, 2004a, 2004b）。この点に関し，Prahalad and Ramaswamy（2004a）は，ノード企業（nodal firm）と呼ばれる顧客とのネットワークで

6　Bell（1973）は技術革新が企業の研究開発部門によって起こされるとする一方で，「脱工業化社会の到来」による産業化において将来のイノベーション（技術革新）の行われ方についても予測している。Bellによると将来においてイノベーションを起こすための知的技術は，コンピュータの利用による社会科学工学的なものとなり，巨大組織と個人を結ぶ社会的な関係を制御するものになると予見している。それらは，物の生産にかかわる工学的なものというより情報理論，サイバネティクス，決定理論，ゲーム理論，確率論などを用いた社会科学技術となると指摘している。

34

中心的な役割を果す企業がリーダーシップをとることで、企業と社外に存在するリードユーザーとの共創を促すことが可能であることを指摘した。そしてコ・クリエーション理論として、企業が自らの顧客であるユーザーとの共創体験を促進することによって新しい価値を生み出すメカニズムを提唱した。

コ・クリエーション理論によってユーザーイノベーションの商業利用を行う企業の合理的判断という側面から理解は進んだが、リードユーザーと消費する一般ユーザー間のやり取りなど、企業活動が及ばないオンラインユーザーコミュニケティにおける相互関係を捉えたものとはなっていない。

1.3 マーケットマイクロストラクチャー理論

マーケットマイクロストラクチャー理論によって、どのような取引制度を導入することが安定した需給のバランスと取引量の増大を図れるかを検討することができる。このため、金融分野で規制当局や政府によって、市場の制度設計時に用いられてきた。主に金融市場を対象に、ミクロ経済学の分野で発展してきたこの理論ではあるが、金融以外の特定市場設定下であっても、市場に参加するミクロな主体が合理的行動を積み重ねることで、市場均衡がどのようにもたらされるのかを考察することができる（Spulber, 1999）。具体的には、仲介者を含めた市場のミクロ構造を人為的に再現することで、財が取引されるプロセスとその帰結を明示的な取引ルールのもとで明らかにすることが可能となる（O'Hara, 1995）。

同理論は、売り手と買い手の他に、第3のアクターとして仲介者の存在を前提とし、市場の均衡を司る役割を担う仲介者の機能を解明することで、均衡メカニズムの特定を行う（Spulber, 1996b, 1999；Choi et al., 1997など）。売り手と買い手の他に、仲介者の存在を前提とすることのメリットは、仲介者が導入する様々な取引のルールなどが他の2経済主体の行動にどのような変化を及ぼすのかをモデルを用いてシミュレーションできる点にある。[7] マーケットマイクロストラクチャー理論では、仲介者自身も利益の最大化という効

7　本研究でケースとして扱うLEGO CUUSOOにおいても、仲介者が他の参加者に対するルールや報酬制度を設計している。このため、同理論を用いることは、市場均衡の過程形成にどのような影響を与えるのかを解釈するためのフレームとして適している。

用を持ち，効用の最大化を目指す主体として捉えられる。このことは，ユーザーイノベーション理論とコ・クリエーション理論からは得ることができなかった視点である。

　仲介者が買い手と売り手の間に入って，どのような取り決めや情報の提供を行ったかを観察することで，市場のメカニズムを解明できるという考え方はとりわけ本研究では有用である。なぜなら，本研究で扱うケースには，仲介者がプラットフォームの運用者として存在していることがわかっており，仲介者の存在により取引の継続が促進される可能性が示唆されるからである。一方で，仲介者はユーザーイノベーションの商品化の継続性には，必ずしも不可欠な存在ではない可能性もあり，仲介者が果たす役割をメカニズムとして理解を進めることは重要である。このようにアクター間の相互関係の定式化を通じてマイクロストラクチャーのモデルを構築することで，ケースで観察される取引制度や情報提供のうち，どれが望ましい帰結をもたらしたのかを解析することができる。施策毎の継続性に対する因果関係を明らかにすることができれば，継続性のメカニズムのより詳細な理解が得られるはずである。

　実際の事例においてユーザーイノベーションの商業利用が繰り返し観察されるということは，その背景に何らかの企業の効用を満たす経済的メカニズムが働いていることを示唆している。リードユーザーが自律的に起こすイノベーションが商品化されるという事象を工学的な視座から俯瞰することは，その成り立ちをメカニズムとして捉えることにつながる。このことからユーザーイノベーションの商業利用の継続性というダイナミズムをメカニズムとして説明可能にするマーケットマイクロストラクチャー理論の適用が有効であるといえる。

2　本研究の対象

　本研究で扱う対象は，オープンイノベーション（open innovation）理論から解釈することも可能である。オープンイノベーションには，外部からイノ

ベーションの源泉を取り込むインバウンドと外部に社内の研究成果をスピンアウトさせるアウトバンドの双方向があるとされる（Chesbrough, 2003）。また，オープンイノベーションの研究対象には，BtoB企業だけでなく，BtoC企業も含まれるため，ユーザーイノベーションを対象とすることもある。本研究も，インバウンドに類型化されるオープンイノベーションと対象を同じくしている。一方，オープンイノベーション理論ではユーザーからの予約や投票を受け付けることは前提としていない。本研究は，投票や予約をユーザーから得ることで，企業の商業利用のリスクを低減するプロセスも対象とする点で，オープンイノベーション理論とは異なるアプローチを採る。

　本研究で扱うレゴ社におけるユーザーイノベーションの事例は，最終商品となるセットが既存ブロックというモジュールで構成されているという面から考えると，マス・カスタマイゼーションの観点で分析することも可能である。生産工学（production engineering）の分野ではマス・カスタマイゼーションやマス・パーソナライゼーション（mass personalization）は，発展を続ける1つの潮流であり，今も活発な研究が進んでいる（例えばOgawa and Piller, 2006など）。マス・カスタマイゼーションを採用する企業は，既存の商品を幾つかの選択可能な部品の集合として設計し，ユーザーに対して，それぞれの部品毎に色や素材のバリエーションを提供する。ユーザーは，嗜好に合わせてオプションを選択することで，商品の仕様を企業に正確に伝え，ユーザーのニーズにあった商品を企業から得ようとするものである。マス・カスタマイゼーションはスポーツシューズ業界では欠かすことのできないユーザーのニーズ把握ツールとなっている。同様に，自動車業界においても顧客満足度に貢献すると同時にオプションパーツの有力販売チャネルとして機能している。しかし，マス・カスタマイゼーションでは先に最終商品が設計されており，その枠組を超えない範囲でユーザーに選ばせることで，生産設備の制約を超えないメカニズムが設計されている。一方，本研究で対象とするLEGOブロックを用いた事例は，ユーザーが使用する部品の総数や組み合わせ方をあらかじめ決められた制限なく自由に決定できる点で，メカニズムの設計思想が異なるといえる。ユーザーイノベーションの商業利用では，投稿を通じてリードユーザーが選択肢を持ち込む形態をとっているため，ユーザー

由来のイノベーションも一般ユーザーの選択対象となる。このため，企業に
よる経済合理性や技術的な制約が加味されず，企業がそのイノベーションを
実現できないリスクが残る一方で，潜在市場が発見される可能性がある。こ
のように，マス・カスタマイゼーションのメカニズムの設計思想からは企業
が用意したオプションの組み合わせを超えるイノベーションは生まれにくい。
一方，イノベーションを生み出すという機能において，ユーザーイノベーシ
ョンの文脈ではアウトオブボックス的な経済成長をもたらすポテンシャルを
有している。どちらのメカニズムを企業が選択すべきかは，企業が抱えてい
る経営課題によって異なる問題であるが，本研究では，企業があらかじめ商
品の部品のバリエーションを想定しないユーザーイノベーションを対象とす
る。

　2000年代後半より，製造業の企業の参加を前提としないクラウドファンデ
ィング（crowdfunding）型サービスが台頭する。クラウドファンディングサ
ービスを提供する代表的な企業であるキックスターター（Kickstarter）社に
おいて実現されたプロジェクト数は，創業以来増加の傾向をたどっている。ク
ラウドファンディングの事業形態は，プロジェクトを推進する起業家精神を
もったユーザーが少額の資金を大勢の将来の顧客から集めることで，プロジ
ェクトの実現を支援する資金調達サービスである（Mollic, 2013）。クラウドフ
ァンディングは，必ずしも営利目的の商品化が前提ではなく，非営利の社会
活動に資するプロジェクトや芸術作品の創作に必要な資金調達も対象として
いる。また，従来の金融機関を介さずに直接プロジェクトの実行者（founder）
が支持者（funder）から資金面での支援を受けることも特徴である。非営利
目的のプロジェクトも扱うクラウドファンディングサービスではあるが，同
サービスの普及により企業が提供していなかった潜在的なニーズが商品化さ
れるケースも増えている。新商品を開発する手法の1つとして定着しつつある
が，主として資金調達を支援するサービスであることから，資金需要を持つ
プロジェクトが先に存在していることが前提となっている。クラウドファン
ディングを企業が活用する場合でも，企業自らが資金調達を行う商品案を持
ち込む必要がある。その意味では，イノベーションが資金調達を行うプロジ
ェクト推進者や外部から企業に持ち込まれているとはいえず，むしろ企業を

含む実行者が自ら起こしたイノベーションの資金調達である色彩のほうが強い。本研究では，イノベーションに対する資金調達の工程は対象とせず，イノベーションがユーザーによって企業に持ち込まれるケースに対象を限定する。このためクラウドファンディングを行っているというだけでは，本研究の対象とはしない。本研究では，企業がユーザーからイノベーションを募集する商業利用プロジェクトに限定する。

3　研究手法

　研究手法としては，ケース分析に，モデルを用いたシミュレーション分析を加えることで，分析の統合を図る（図3-2）。具体的には，ケース分析から相互関係を抽出し，モデル化し，数値設定のうえ，均衡解を求める。ケース分析からは，データに加えて，新たに得られた知見や仮説をもとに，アクター間の相互関係の源泉となる効用をモデル化する。モデルを用いてシミュレーションを行うことで，データ入手が困難なためにケース分析では理解し難い経年変化やアクター間相互作用など全体像の理解が進むことが期待できる。2つの分析を統合することで，モデルの検証が行え，ケースでは観察されない数値設定下での均衡解から新たな知見を求めることが可能となる。

3.1　ケース分析

　ケース分析には，探索による理論形成を目的とした複数ケーススタディ手法を適用する。ケース分析を通じて，これまで見過ごされていた事象の背後にある法則の発見を目指す。Yin（1994）やEisenhardt（1989）によると，未だ説明されていない事象のメカニズムを把握しようとする課題には，探索（exploratory）ケーススタディ手法が適しているとされている。同手法では，社会において人間がとった実際の行動結果をケースに，データを複数用意し，比較可能なフォーマットに変換したうえで，俯瞰することから分析を始める。その上で，幾つかの分析の軸を用意し，データを並べ変えることを繰り返すことで，これまで知られていなかった因果関係の発見を目指す。本章のケー

ス分析結果は，次章のモデル化の条件設定時に使用する。

　データ収集にあたり，可能な限り採集データを幅広い情報ソースに求める
ことで，同じ事象を複眼的に俯瞰する。情報ソースを集めるに際して，後に
行うクロス分析に備え，全てのカテゴリーが重なりなく網羅的にケースが抽
出できるようにカテゴリー構造を設計しておく。過去のすでに存在しないイ
ンターネット・サイトに関する情報は，当時のユーザーのコメントやブログ
（blog）などを参考に分散したデータから必要な情報を収集する。バイアスが
存在し，正確性が検証できない情報は，極力複数ソースのデータレベルでト
ライアンギュレーション（triangulation[8]）を行う[9]。

　これらの情報ソースを整理して，複数ケース間に見られる共通点を見出し
て考察を進める。定性データの中で可能なものは，コード化を通じて数値化
を試みる。事象の中で中心的な役割を果たす主体者の行動については，後の
計算で検証可能にするために，なぜそのように行動するのかを合理的な記述
を行う。

3.2　モデル分析

　本分析の目的は，モデルを用いて数値設定下における均衡解の導出を行う
ことにより，理論研究から得られたシステムに参加するアクター毎の意思決
定基準と，ケース分析から得られた取引ルールや契約に関する知識を活用し

8　三角測量とは　地上の互いに見通せる3点を選んで三角形をつくり，その一辺の長さお
　よび二夾角を測定して，三角法により他の二辺の長さや頂点の位置を求める測量法（小
　学館『日本大百科全書』より）であるが，社会調査の現場においては，その意味を転用
　して質問紙調査，インタビュー，参与観察など複数の方法で観察を行うことで，多面的
　な把握を試みることを指すことがある。Patton（1987）はそれをさらに展開して，定性
　データの評価をいっそう強固にする方法を提案している。次の4例は統合的アプローチで
　も有効に用いることができる三角測量の検証手法であるといえる。
　・theory triangulation：同じデータ群を複数の理論で評価する。
　・methodological triangulation：特定の問題に対してインタビュー，観察，文書など複
　　数の方法を使用する。
　・data triangulation：同じ事象に対して，異なるデータを用いて評価を行う。異なる地
　　位や異なる視座をもった複数のインタビュイーの登用などが該当する。
　・investigator triangulation：分析に対して異なる知見やノウハウをもって評価できるプ
　　ロフェッショナルに評価をしてもらう。
9　本研究において，著者がかかわってわっていたプロジェクトに関しては，バイアスを排
　除するために極力他の研究者によって取材された二次データを用いる。

図3-2　ケース分析とモデル分析の統合から得られる新たな知見

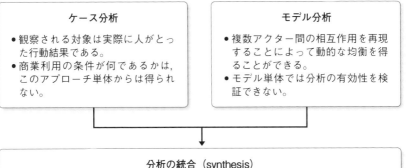

出所：筆者作成。

て，オンラインプラットフォームにおけるアクターの相互作用の動的過程を
理解することである。

　ケース分析を通じて得られた実在のアクター間の相互作用の理解を，モデ
ル化し，アクターの集合としての意思決定の結果を解析する。複数のアクタ
ーがそれぞれ固有の意思決定により，どのような振る舞いをするかを見るこ
とで，全体で起こっていることを把握し，メカニズムとしての理解を進める。

　モデルを用いた計算によって得られるメリットには以下のものがある。まず，
ケース分析では観察できない条件設定下でのアクター間の行動を，単純なシ
ミュレーションの実行によって把握することができる。例えば，投票メカニ
ズムを採用するオンラインプラットフォームで，商品化を希望する投票数が
規定数を満たさない場合，企業が条件設定を変更することによって，ユーザ
ーの投票行動が変わるかもしれない。このような，条件設定の変更に対する
アクターの反応に関するデータは，過去のケースの分析から入手することは
困難である。しかし，モデルを用いてシミュレーションを行うことで，条件
設定の変更に応じて投票がどのように変化するのかという動的な過程を確認
することができる。

　次に，モデルがあれば実社会では観察されないような極端なケースに対し

て条件を設定してシミュレートすることができる。例えば，実社会では実行されにくい失敗のリスクが高いケースを理論的に再現することができる。こうした発生の頻度が低いため観察できないような帰結も，ケース毎の数値設定を行うことで，均衡解を導出し再現することができる。このように，複数の条件下におけるシステム全体の挙動を観察することで，商業利用の継続にどのような条件や閾値が存在するのかを解明することが可能である[10]。以上，数値設定下における均衡解の導出によるメリットについて述べた。

4　方法論の検証

　統合的アプローチで採用したそれぞれの分析手法の妥当性をトライアンギュレーションを通じて行う。Patton（1987）は，定性データから得られる理論形成のロバストネス（robustness）を向上させる方法として，分析の過程であらかじめ反証の源となり得るプロセスを計画的に組み込むことで，理論の外乱性の安定化を図ることを奨励している。具体的には，同事象を異なる方法で計測したデータ，同事象を複数の立場の関係者から評価した結果，同データ群の複数の理論による評価結果，評価の異なる評価者からの評価などがトライアンギュレーションの手法として挙げられる。

　モデルによる分析は，どのような社会システムにでも適用が可能で柔軟性に富んだ分析手法である。しかし，このことは適用する初期条件によって，結果を恣意的に操作する余地がある（西野，2003）。このように操作性があるため，因子の設定次第で，恣意的に被説明変数に対して好ましい影響が得られる操作を加えることも可能となる。そのため，モデルの構造自体が実験にバイアスをかけないようにモデルを十分に検討する必要があり，さらに，分析

10　ゲーム理論の応用の発展には目覚ましいものがある．あらかじめ複数の戦略オプションをプログラムされたエージェント同士が対決してトーナメントを勝ち残っていくような場面にまでゲーム理論は応用されるようになってきた。このようなケースが特筆に値するのは，エージェントが自律的に対戦をするからではない。人間があらかじめ知り得なかった戦略を，エージェントが複雑な計算を容易にこなすことで，通常人間が考えつかなかったような戦略を遂行するようになったところにゲーム理論の持つ奥深さがある（西野，2003）。

から得られた結果は，ケース分析から得られた観察結果と照らしあわせ，整合性が取れているかを検証することで，モデルがひとり歩きしないようにする必要もある。

　以上に示した観点に基づき，本研究においては，ケース分析で得られた知見とモデルを通じて，導出された均衡解を比較検討することでモデルの妥当性を検証する。まず，複数のケース分析で得られた観察結果を，それぞれモデル化する。次に，数値設定を行い，ナッシュ均衡（nash equilibrium）を求める。その上で，得られた均衡解と実際のケース分析で観察された帰結の差を考察する。

5　まとめ

　本章では，ユーザー参加型オンラインプラットフォームの商業利用のメカニズムを明らかにするために，分析フレームワークを先行理論研究に求め，研究手法には，ケース分析とモデル分析を用いることを述べた。

　既存理論研究により，ユーザーイノベーション理論とコ・クリエーション理論がオンラインプラットフォームの商業利用のプロセスに参加するアクターの行動原理を説明する理論フレームワークとして妥当であることを示した。さらに，ユーザー参加型オンラインプラットフォーム上の参加アクター間の相互作用を捉えるうえで，動的なメカニズムを扱えるマーケットマイクロストラクチャー理論が妥当であることを説明した。

　最後にケース分析とモデル分析からなる研究手法の有効性を検証するために，トライアンギュレーションを通じてそれぞれの分析結果が相互にチェックできる関係にあることを説明し，いずれかの分析結果に偏差が生じる場合は，モデルが同化できるまで修正を行う，シミュレーションが示唆するデータが収集できるまでケース分析を続ける，もしくは，アクターの行動原理を説明できる既存理論研究に求めることで，恣意的な分析に陥る可能性を回避できることを示した。

第**4**章
ケース分析

第4章の要旨

　ここでは，複数ケーススタディ手法を適用し，探索を行う。実際に起こった結果を
ケースに，データを複数比較したうえで，俯瞰することで，これまで知られていなか
った因果関係の発見を目指す。分析の軸としては，継続性を被説明変数として，企業
が設計したメカニズムの有無を説明変数として用いて，2×2のマトリクスを作成し，
クロス分析のカテゴリー構造を設計した。

　比較分析の結果，投稿メカニズムだけでは企業には商業利用を決断する経済合理性
が働きにくく，一般ユーザーが投票で商品の開発前に購入意思を表明することによっ
て企業のリスクを軽減するため，投票メカニズムが重要な役割を果たしていることが
わかった。一方で，継続した事例には，投票メカニズムが不在でも継続性が確認でき
たため，投票メカニズムがあるだけでは継続性は生じないことがわかった。

1　ケースの対象：レゴ社

1.1　レゴ社の概要

　レゴ社は1932年にデンマークで創業した玩具メーカーである。2015年度の
売り上げは358億デンマーク・クローネ（DKK）（5,664億円），税引き前利益
は121億DKK（1,914億円）であり，営業利益は業界平均より高い33.9％であ
る[1]。電子玩具などの台頭で2003年から2004年にかけて経営危機に陥ったも
のの，その後V字回復を果たし，以来高成長を続けている。直近5年の売上
成長率にその躍進ぶりが見て取れる。2011年：187億，2012年：231億，2013
年：253億，2014年：286億，2015年：358億と2011年から売上をほぼ2倍に

---

[1]　2015年度のLEGO Groupのアニュアルレポートより。決算書の数値を基に2016年6月
　　22日時点の為替レートを用いて円換算した（1DKK = 15.82円）。

増やした。

1.2　レゴ社の製品

　レゴ社の事業はLEGOブロックを中心とした単一セグメントの事業である。同社の製品が持つ特長はその高い相互互換性（modularity）にある。1949年の発売以来，製造した全てのブロックには相互互換性が貫かれている。樹脂製であるために経年変化の影響を受けにくく耐久性があり，子どもが育っても廃棄されず世代を超えて受け継がれる点も特性の1つとなっている。60年以上に及んでユーザーに使われており，年を追うごとにユーザーの手元に残る使用可能なブロックの総数が増加する。普及率は高く，製造開始時から累計約4,400億個製造された（蛯谷，2010）。これは世界人口を70億人とすると1人あたり60個以上のブロックが行き渡る計算となる。レゴ社が毎年出荷するブロックの製造総数は年間約190億個である。4,400億個という数字は，同社の年間製造数の20倍以上のブロックがすでに世界中に存在することを意味する。LEGOブロックは130か国[2]で販売されており，インターネットで購入できる点も考慮にいれれば，さらに多くの人口がLEGOにアクセスできる。仮に，新たにブロックを購入しようというユーザーがいた場合，他の規格のブロックを購入するよりはLEGOを購入する方が，効用が高い状況が生じる。ハードウェアとしてのLEGOブロックそのものがもたらす価値に加えて，既存ユーザーが編み出した遊び方や使い方の蓄積がある分，ソフトウェアとしての価値が増加しているからである。このことは，例えば1949年当初のLEGOユーザーよりも2017年現在のユーザーのほうが，1ブロックあたりから得られる効用が高いと考えられる。また，作れるものの事例も豊富で友達や家族が所有しているものと同じ規格に合わせたほうが遊び方を共有できる分，すでに普及しているLEGOを購入する際の効用が高いともいえる。上記のように，LEGOには，耐久性と互換性から生じるある種の特有のネットワーク外部性（network externalities）が働いているといえる。

2　2012年時点。

1.3　LEGOユーザー

　LEGOに関する活動に参加する愛好家は，少なくとも世界中に4億人いるという（蛯谷，2010）。Facebook上のファンは1,148万人に上り[3]，36万人のTwitterフォロワー[4]が存在する。ユーザーから商品案を投稿してもらい，投票数に応じて商品化を行うサービスであるLEGO IDEASでは，17,560件の商品化を目指す商品アイデアがそれぞれ1万票の投票を集めることを目指している[5]。レゴ社のコミュニティストラテジー（community strategy）の責任者は，Adult Fans Of LEGO（AFOLs）と呼ばれる熱心なユーザーグループについて次のようにコメントしている（Antorini et al., 2012）。「AFOLsのLEGOユーザーグループ登録者は25万にも及ぶ。彼らの10人のうち，6人は16年以上LEGOで遊び続けている大人である。」

　このようなユーザーの中には，従来の消費の枠を超えて，自らデザインした作品に関する情報を発信する者や，他のユーザーのためにプラットフォームサービスを提供する管理者としての役割を担う者も存在する。レゴ社が供給しないリソースを自ら創り出してしまうLEGOのユーザーはリードユーザーとして捉えることができる。これらのリソースには，情報やデータの編集力，イベントを開催する企画力，コミュニティを構築する組成力，紛争を解決するコミュニケーション力など様々なスキルや知的資源の提供を通じて従来の企業と消費者だけでは供給されなかった価値を生み出しているという意味ではイノベーションを起こしているとも捉えることができる（西山・藤川，2016）。本研究が対象とする商品化に資するイノベーションに限っても旺盛なユーザーの活動がLEGOという商品の周辺に多く観察できる。

3　2016年6月23日時点でのFacebookのLEGOページをLikeした数。

4　2016年6月23日時点でのTwitterのLEGOアカウントをフォローしている数。

5　2016年6月23日時点でLEGO IDEASで商品化を目指しているプロジェクト数。

2 データの収集

2.1 通常と異なる帰結を示すケースの選択

　本分析では，ケースの選択に関して，「ユーザー参加型の商業利用は継続しない」という通説に対して「特定条件を満たすとユーザー参加型の商業利用の継続率は向上する」ケースを「通説と異なる帰結」と定義した[6]。その上で，LEGO CUUSOOを通説と異なるケースとして選択する。

　先行するユーザーイノベーションの商業利用に関する実証研究では，ユーザーイノベーションによる商業利用の継続は困難であるというのが通説である。LEGO CUUSOOでは，10年間という長い期間にわたってユーザーイノベーションが商業利用されている[7]。2008年から運用が開始され2014年にレゴ社にサービスが移行された後もオフィシャルサービスLEGO IDEASとして継続されている。同サービスでは定期的に年に1つ以上のペースでユーザーイノベーションが10年にわたって商品化されており，継続性が得られているといえる[8]。これまで13個の商品化を実現し，現在も3か月毎に商品化の検討結果を発表している。これらの事実からLEGO CUUSOOは，ユーザーイノベーションの継続的な商業利用を通じて長期にわたって経済成長を果たしているケースとして十分に条件を満たしている。

6　最初に，複数ケーススタディの手法では，無作為抽出ではなく，理論を深める可能性のあるケースを選択的にケースとして抽出する（Eisenhardt and Graebner, 2007）。特異な現象を示すケースを探索し，論理的にもれなく，重なりなく網羅できるカテゴリー構造を用意することで，ケースの選択時による研究者のバイアスの排除を極力試みる。論理的に設計されたカテゴリーが要求するケースを探索し，必要数を用意したうえで比較分析を行った。

7　2008年の開始から本研究が行われた2017年の期間。オンラインプラットフォーム上には，複数の商品化検討中のユーザーイノベーション案が公表されており，今後も商業利用が継続される蓋然性が高い。

8　LEGO CUUSOO及びLEGO IDEASで商品化された13アイテム（Shinkai, Hayabusa, Minecraft, Back to the Future, Mars Science Laboratory Curiosity Rover, Ghost Busters 30th Anniversary, Big Bang Theory, Wall-E, Doctor Who, Exo Suit, Research Institute, Birds, Maze）を10年で割り戻した場合，1年あたり1.3個となる。

2.2　クロス分析のカテゴリー設計

　LEGO CUUSOOにおいて，商品化が継続して生じたのは，そこに何らかの継続性をもたらすことに寄与する施策が講じられていたから，と考えることができる。そのような継続性をもたらす施策は，自然発生的に生じたものと企業が講じたものの双方の可能性が考えられる。本研究は，経営研究の観点から企業が講じることができる施策の特定に重点を置く。そのために，まず企業が意図的に施策をメカニズムとして設計し，導入した場合と，そうでない場合をケース事例の抽出の第1の条件とした。次に，継続性があったかどうかを第2の条件とした。その上で，それぞれの条件をケース抽出の軸とする2×2のマトリクスを作成し，クロス分析のカテゴリーを設計した。本章では，4つのケースを設定する（図4-1）。

　本研究は，企業による管理の可能性を重視する。オンラインプラットフォーム上でユーザーイノベーションを企業が商業利用したあとに，その商品をユーザーが購入することによって得られる経済成長に資する一連の相互作用を現象として観察するだけでなく，背後のメカニズムを企業が利用可能なものとして捉えようとする試みである。企業がいかにしてこのようなオンラインのメカニズムを活用して，プラットフォームに参加するユーザーに価値創造のプロセスに参画してもらうかに着眼する。したがって，ここでいうオン

図4-1　クロス分析の軸とカテゴリーの説明

		継続性	
		なし	あり
メカニズム	あり	企業主催型	自律調整型
	なし	社外発掘型	自然発生型

出所：筆者作成。

ライン上のメカニズムは，企業がプラットフォーム上に設計が可能で，戦略の対象として管理できるものでなければならない。

　継続性の定義としては，ユーザー自身が継続して参加した結果，商品化が複数年に及んで続いていることとする。メカニズムの定義として，オンラインプラットフォーム上に企業によって設計されたルールや報酬制度等を指すものとする。企業以外に仲介者がメカニズムを提供した場合でも，メカニズムがあると判断する。メカニズムにおける条件としては，ユーザーとの契約が存在し，オンラインプラットフォーム上でのプロセスが定義され，再現可能であることとする。これらのプロセスは，手順さえ定義されていれば，必ずしもITシステムによらなくてもメカニズムとしてカウントする。例えば，支払いが自動化されていなくともリードユーザーに対するロイヤリティ（royalty）の支払い条件が設定されている場合や，リードユーザーがユーザーイノベーションを投稿できる窓口がある場合だけでもメカニズムに含まれるものとする。

2.3　比較ケースの選択

　ケースとして，縦軸にメカニズムの有無，横軸に継続する要因の有無を定義し，4象限それぞれの条件を満たす代表的な事例を探索する。

　まず，継続性は「なし」でメカニズムも「なし」のケースである。この象限を「社外発掘型」と呼ぶ。この象限には起業家精神豊富なユーザーが起業したLEGO Architectureをレゴ社が社内に取り込んで事業化したケースを分析の対象として用いる。初期はユーザーが商品企画をしたが，現在は社内スタッフが企画しており，ユーザーが参加しなくなった時点で継続性がなくなったと判断できる。成功しているユーザーイノベーションを市場から発掘する方式であり，プラットフォームを用いたメカニズムはこのケースでは存在しない。

　次にユーザーイノベーションが継続して発生するメカニズムが「あり」，かつ実際に継続性が「あり」の条件を満たすケースを「自律調整型」象限とする。この事例として，LEGO CUUSOO[9]を用いる。

　メカニズムが「なし」であるにもかかわらず継続性が「あり」のケースは，

9　後にLEGO IDEASに名称変更される。

「自然発生型」の象限である。ここでは，LEGO MINDSTORMSとleJOSを
事例として用いる。ユーザーに対してメカニズムを用意しなかったにもかか
わらず，ユーザーがLEGO MINDSTORMS向けのソフトウェアを自発的に作
り，イノベーションを継続的に誘発した現象の分析を行う。

　最後に，レゴ社によって提供されたユーザーイノベーションのメカニズム
が「あり」であったにもかかわらず，継続性が「なし」のケースを「企業主
催型」の象限で探索する。ここには，レゴ社によって立ち上げられたLEGO
Factory[10]の事例を挙げる。

3　ケースの紹介

3.1　ケース1. 社外発掘型：LEGO Architecture

　LEGO Architectureシリーズは，2008年にリードユーザーによって始めら
れた。当初は，リードユーザーによって考案されたイノベーションを商業利
用していたが，現在では，レゴ社内のスタッフが企画を行っている。このこ
とからユーザーイノベーションによる商業利用事例でありながら，継続して
いないと定義できる。

　LEGO Architectureシリーズは建築家でもあるリードユーザーが子ども向
けの玩具は大人向けのキットとしても十分に通用すると考えて，既存セット
から自らデザインした世界の名建築のミニアチュアモデルに用いるLEGO部
品をリパッケージし，LEGOユーザーが主催するイベントで販売し始めたの
が最初である。同リードユーザーは自宅に沢山のLEGOブロックを保有して
おり，その豊富なLEGOブロックを利用して，建築の知識を遊びながら学べ
る子ども向けのワークショップを開催していた。玩具販売店でLEGOセット
を購入し，自宅で箱を空けて必要な部品を抜いて自分用のキットに組み替え
るのがきっかけだった，というように最初は小さな規模でのスタートであっ
た。イベントで販売し始め人気が出るようになった時，当時のレゴ社新規事
業統括責任者であったPaal Smith-Meyer（以降スミス・マイヤー氏）の目に

10　後にLEGO Design byMEに名称変更される。

留まった。

　レゴ社内では子ども向けの商品として扱われていたLEGOが，大人も購入していることをスミス・マイヤー氏は知っていた。スミス・マイヤー氏は同リードユーザーと共に，シアーズ・タワーやロックフェラーセンターといったスカイスクレーパーをLEGOで作れるキットとしてまとめ，大人向けLEGOとしてミュージアムショップなどの新たに開拓されたチャネルで販売を開始した。反響を見ながら少しずつアイテムを増やし，LEGO Architectureシリーズとしてのポジションを構築していった。LEGO Architectureが発売された当時の箱にはリードユーザーの名前が表記されていた。しかし，その後新たにシリーズに追加されるセットには，そのようなリードユーザーのクレジットはなく，レゴ社内で企画されたものとなっている。

　通常，企業が商品化を検討する際，市場性が十分に存在し，事業性に富むと判断される場合は，潜在市場に応じて販売量が設定される。他方で，対象とするユーザーセグメントの市場性が限定的で事業性に欠けると判断される場合は，商品化に至らないことが多い。しかし，本当の意味で，市場の大きさを知るには，実際に上市してみないとわからない。LEGO Architectureのケースでは，すでに検討に値する規模のユーザーセグメントが掘り起こされていたため，市場の存在は確定していた。このことは，市場性が足りないというリスクが軽減されていたことを意味し，レゴ社に公式商品として採用する決断を促したと考えられる。

　LEGOブロックは普及しているという事実に加え，モジュラリティという商品特性があり，様々なアクターに価値共創を誘発する（西山・藤川，2016）。通常，LEGOの新商品は部品単位ではなくセットとしてパッケージ化されたものを指す。セットは様々なユーザーが関心を寄せるテーマに応じて商品化され，箱の中にはブロックと組立説明書が入っている。これらのセットで新たに用意されるのはパッケージと組み立て説明書だけである。家電などの他の工業製品と異なり，高額の初期費用が求められる金型等の投資が必要ない。このため，LEGOセットの場合，既存セット商品を解体し，再パッケージ化することで，新しいセット商品を企画し，販売することが可能である。さらにインターネットやファンイベントなどを通じてテストマーケティングを行

うことも可能である。このため，メーカーほど資本力がないユーザーであっても，LEGOを用いたセット商品の場合，自らの企画に合わせパッケージ化し，販売を開始することが容易となる。

　通常，LEGOの商品化は，レゴ社内での市場分析やデザイン業務を経て，企画毎に事業評価の判断が下され，最終的に商品化の投資が意思決定される。しかしその一部をユーザーが先行して実施している場合は，販売実績がレゴ社にとってFS（feasibility study）を兼ねていると考えることができる。LEGO Architectureのようなケースでは，ユーザーが企画して仕様を決めただけでなく，初期ロットへの投資や，初期顧客への販売を通じた市場の反応の確認をユーザー自身が行っており，事業性は確認済みとなる。この場合，新商品の投資リスクは軽減されるが，同時に既存市場において競合するともいえる。また，事業化に成功している商品アイデアの権利の交渉は，個々のケースによって条件が異なることは予想されるため，LEGO Architectureのような形態は，規模の割には，労働集約的なプロセスとなると思われる。

　LEGO Architectureを始めたリードユーザーはLEGOを用いてイノベーションを起こしたユーザーであった。しかし彼は同時に起業家としての顔も持っていた。ユーザーが起業家精神を発揮して，自身が企画したセットを販売することで生じるビジネスは，さながらスタートアップ企業のようである。この場合，このユーザーが作り上げたものを取り込む作業はM&Aに近く，企業にとっては事業化をユーザーに委ねている一方で，企業が本来創りあげることができた価値をユーザーが創りあげている分，取引価格は高くなる。これは大企業がスタートアップをM＆Aを通じて買収する過程に似ている。

　起業家精神に溢れるユーザーの事業を社外から発掘してきて事業化するというアプローチは，ある意味では外部のリソースを取り込む古典的な手法といえる。この象限に該当する案件の取引を企業が行うのは，事業部としての営みよりも財務の営みに近く，継続的に取り込むには潤沢な資金が企業に求められる。

3.2 ケース2. 自律調整型ケース：LEGO CUUSOO／LEGO IDEAS

　LEGO CUUSOOは2008年から2014年にわたって運営された仲介者による
レゴ社公認のオンラインプラットフォームであり，ユーザーが創造したアイ
デアを商品化するサービスを提供した。2014年にレゴ社に売却され，現在で
はレゴ社において，LEGO IDEAS事業として同じメカニズムを用いて，ユー
ザーイノベーションを商業利用する目的で継続的に運用されている。LEGO
CUUSOOはLEGO IDEASとして社内で事業化された後もイノベーションを
ユーザーに求め続けている。10年以上にわたってサービスが継続し，現在も
3か月毎に商品化の検討結果を発表していることから，LEGO CUUSOOは継
続している事例として位置づける[11]。

　LEGO CUUSOOは，仲介者のシステムを利用する形で開始された。そのた
め，LEGO CUUSOOユーザーは仲介者のユーザー規約に合意したうえでユー
ザー登録することとなった。仲介者は，ユーザーとの間にサービスに関する
約束ごととして，全てのユーザーに同一のルールに合意することを求めてい
た。とりわけ投稿するアイデアの著作権の扱いに関しては，仲介者がサービ
スを開始した1998年から商品化されてロイヤリティが入った場合は，対価と
してその一部をユーザーに還元することを約束するものとなっていた。この
ためLEGOのユーザーも，LEGO CUUSOOを利用する際に仲介者のユーザー
規約に合意することとなった。

　2008年にLEGO CUUSOOがサービスを開始した当初，ユーザーはレゴ社
に作ってもらいたいものはどんなものでも提案することできた。初期の頃は
LEGOと関連があれば，家具や食べ物に関する提案も含まれていた。しかし，
それでは製造に手間が掛かり過ぎることが課題となり，既存のブロックを使
うことが条件として加えられた。実証実験としての意味も兼ね，2008年から
2011年の間は，日本語圏のみでサービスが展開された。その後，2011年から
は英語圏でも国際展開を行うことになった。その際ユーザーイノベーション
の商品化検討条件を元々の1,000票の投票数から，10倍の1万票に変更した。
立ち上げ当時の商品化の検討は，提案投票数が1,000票の閾値に達する都度行
われた。しかし後に，それは3か月毎に集約され，その期間に閾値に達した

11　2017年6月21日時点。

54

商品案をまとめてレビューし，商品化の検討に進む案を選出する方法に切り替えられた。

　LEGO CUUSOOでは，ユーザーが「こういう商品が欲しい」という商品アイデアを投稿する。商品案を購入したいユーザーは投票を通じて支持を表明する。ユーザーは誰でも商品化に関心のあるアイデア1つにつき1票投票することができる。目標数の1万票を超えるとレゴ社が正式に商品化検討を行うことがユーザーに約束されていた。誰もがアイデアを投稿できるという意味においてクラウドソーシング（crowdsourcing）の側面を持つ（澤谷・西山，2016）。

　また，購入意図[12]（purchase intent）を収集するという意味においてクラウドファンディングに通じる側面も有していたが，資源調達を目的としたものではなかった。ユーザーは1つの商品アイデアに対して，投票する際に商品化された場合，いくらまでなら購入するかという購入希望価格を入力することを要求される。これらの情報は積算され，購入を希望するユーザーの潜在市場としてレゴ社の担当者にレポートされて企業の意思決定の参考値として利用される。レゴ社は，リードユーザーから寄せられた複数の商品アイデアの投票数と購入希望金額を市場性の先行指標として商業利用時の意思決定の参考とすることができた。

　さらに，ユーザーはキャラクターなどを題材としたコンテンツを投稿することができたため，コンテンツには人気アニメのキャラクターを始め，実在する乗り物や建築物などが含まれていた。これらのコンテンツを対象にLEGOブロックを用いて作品を作るという形で，ユーザーイノベーションは生み出され，サイトに提案された。ユーザーは，コンテンツのファンであっても自らが，コンテンツの使用権を持っていないため，自らコンテンツを用いた商品を販売することはできない。しかし，レゴ社がコンテンツのライツホルダーに使用許諾を交渉することを期待して，そのユーザーはファンのコミュニティに働きかけて投票を集めることができた。LEGO CUUSOOで商品化された商品のうち，大半は既存キャラクターなどの外部のコンテンツホルダーのライセンスによるコンテンツをLEGOで再現したものとなっている。

12　購入義務のない投票。購入意図及び希望価格情報の入力は必須となっている。

2011年に「LEGOしんかい6500」が，LEGO CUUSOO発の第1号の商品として発売が開始された。同商品は，継続生産を前提としない日本限定モデルとして発売された。JAMSTECが深海を探索する目的で開発した探索潜水艇は，1,000票の投票を集めるのに419日を要した。デザインしたのは工業デザイナーでもあるリードユーザーであった。同リードユーザーはLEGOのプロジェクトが始まる前からの仲介者が提供する参加型オンラインプラットフォームのユーザーであった。CUUSOOプラットフォームのメカニズムをよく理解していた同リードユーザーは，サポーターを集めるために仕事のない週末にJAMSTECを訪ねて関係者に説明し，WEBでの投票を呼びかけるなどしてコミュニティを徐々に増やしていったという。当時しんかい6500のことを知る人はあまりおらず，関係者はこの試みがプロモーションにつながるという理由でサポートを快く引き受けてくれた。

　商品化を達成した第2号は，「LEGOはやぶさ」であった。1,000票を達成するのに要した期間は72日であった。予約を集めていた当時，小惑星探査機はやぶさは，宇宙でのミッションを成功させたばかりで，ニュースに取り上げられていたこともあり，よく知られる存在であった。さらに一般公開される予定の映画2本が控えていたこともあり，「LEGOしんかい6500」の時よりも早く票を集めることができた。デザインしたリードユーザー自身がインターネット関連の企業に籍を置くエンジニアだったこともあり，SNSを活用して告知を行ったことが功を奏した。「LEGOはやぶさ」は英語でも取扱説明書が用意され，海外でも販売された。

　商品化第3号となったのはオンラインゲームの世界観を表現した「LEGO Minecraft」であった。Minecraftはスウェーデンのゲーム開発会社MOJANGによって提供されているオンラインゲームである。このゲームではデジタルのモジュールを用いて自由に世界を構築できる。Minecraftのユーザーは，特有の関心や文脈を共有するオンライン上のコミュニティをTwitterなどのSNSで形成し，ゲームをプレーしながら会話を同時に行う。もともとMinecraftは，モジュールを用いる点が共通しておりLEGOとの親和性が良いと，ユーザー間で話題に上がっていたが，商品化には至っていなかった。LEGO CUUSOOのプラットフォーム上では，MinecraftユーザーがLEGOを用いてMinecraft

表4-1　継続ケースにおける個別ユーザーのイノベーションの商業利用事例

商品化順	商品名	閲覧数	コメント数	シェア数	プロジェクト作成日	目標達成までの日数	発売日	発売までの日数
1	Shinkai	440,000	201	26	2008/12/08	419	2011/02/17	801
2	Hayabusa	329,000	181	29	2011/01/25	72	2012/03/01	401
3	Minecraft	100,000,000	3,000	84	2011/12/05	2	2012/06/01	179
4	Back to the Future	940,000	2,000	196	2011/08/01	272	2013/07/18	717
5	Mars Science Laboratory Curiosity Rover	575,000	690	153	2011/11/14	278	2014/01/01	779
6	Exo Suit	519,000	1,000	395	2012/03/28	287	2014/08/01	856
7	Ghost Busters 30th Anniversary	660,000	630	518	2013/03/01	166	2014/06/01	457
8	Research Institute	516,000	1,000	411	2012/04/29	408	2014/08/01	824
9	Birds	409,000	7,000	317	2012/05/13	613	2015/01/01	963
10	Big Bang Theory	666,000	1,000	1,000	2014/02/18	27	2015/08/01	529
11	Wall-E	416,000	2,000	2,000	2013/10/29	244	2015/09/01	672
12	Doctor Who	560,000	1,000	1,000	2014/02/26	40	2015/01/01	309
13	Maze	303,000	1,000	1,000	2012/04/17	878	2016/04/01	1,445

出所：https://ideas.lego.com/ を中心に http://lego.wikia.com/wiki/LEGO_Ideas（2016年4月4日最終アクセス）も参考に筆者が集計。

のセットを作り始めると，オンライン上で応援を求める声が拡がり，投票が一気に集まる結果となった。Minecraftの商品化が決定する前まではLEGO CUUSOOの目標値は1,000票であった。しかし，グローバル展開の決定を受け，目標値は10倍の1万票に増やされたばかりであった。「LEGO Minecraft」は目標値が上方修正されたにもかかわらず，先の2つのケースが1,000票を達成するのに要した期間よりはるかに短い48時間で目標値の投票を獲得して商品化が決定された。

仲介者が運営をしていた2008年から2014年3月までの7年間に，先に紹介した日本のJAXAが打ち上げた小惑星探査機はやぶさに加え，スウェーデンのオンラインゲームのMinecraftの世界観を表現できるキット，米国の映画 *Back to the Future* に登場するタイムマシーン・デロリアン（DeLorean time machine）のキットなど，7製品が商品化された。LEGO CUUSOOからLEGO IDEAに移行したあとも，商品化は継続的に行われている。同じルールでプラットフォームが運用され，3か月毎にその期間で1万票を獲得したデザインの商品化検討が行われ，商業利用されている。これまでに合計13点の商品化が実現した（表4-1）。

3.3　ケース3. 自然発生型ケース：LEGO MINDSTORMS／leJOS

　1998年に発売され始めたLEGO MINDSTORMSは，レゴ社が予期せぬ形でユーザーのイノベーションを誘発したケースであったといえる。ここでケースとして取り上げるleJOSは，ユーザーによって開設されたユーザー参加型のオンラインプラットフォームである。もともとレゴ社の用意したLEGO MINDSTORMS用のOS（operating system）は多くのファームウェアに用意されたプログラムがそうであるように改変ができない仕様であった。その点に不便を感じたリードユーザーは一般に普及しているプログラミング言語であるJavaで，ユーザー自身でプログラムを開発できるようにし，その改変可能なプログラムを他のユーザーがダウンロードできるようにした。

　マサチューセッツ工科大学（MIT）と共同開発されたLEGO MINDSTORMSはコントローラーでLEGOブロックを動かすことができる製品である。電子部品を内蔵したブロックとその電子部品をプログラムで制御できるコントローラーを含む構成として発売された。本セットを購入したユーザーはLEGOを使ってロボットを組み立て，そのロボットをプログラムで制御できた点で，これまでのLEGO製品とは趣旨が異なっていた。1998年に発売されると，同セットに組み込まれていたロボット制御のプログラムはまたたく間に，ユーザーによって，書き直され，プログラムがレゴ社の手の届かないところで流通し始めた。

　LEGO MINDSTORMSのコントローラーRCXは，プログラマブルであった

が，ユーザーはもっと慣れ親しんだ言語での開発を望んだ。そのようなユーザーが集まって，参加型のオンラインコミュニティとしてleJOSは始まった。leJOSには，レゴ社が用意したプログラムを置き換えるプログラムが，ユーザーによって投稿され，他のユーザーにも利用可能な状態で公開された。これによりleJOS上では様々な用途の，LEGO MINDSTORMSを使ったプログラムが自然発生的に集まるようになっていった。

　1999年に発足したleJOSプロジェクトは，当初ユーザーの個人的なものであった。しかしオープンソースであったゆえに，多くのユーザーがプログラムの投稿を通じて貢献し，彼らによって書き換えられた新しいバージョンのプログラムは次々とインターネット上で公開されるようになった。

　許可を与えることなく勝手にプログラムを書き換えられたためレゴ社の役員は事態を憂慮した。自社の製品の名を語り品質が保証できないサービスが流通し始めたためである。レゴ社はユーザーに抗議文を送り，訴訟も辞さない姿勢で臨むことでユーザーによる書き換えを抑止しようと試みた（蛯谷, 2010）。しかし，ユーザーへの警告は効果がなく，書き換え版は広く消費され続け，種類も増加の一途をたどった。やがてレゴ社の経営陣は方針を一転し，LEGO MINDSTORMSのプログラム改良を推奨する姿勢に転換し，現在ではプログラムを改良してもよい権利がユーザーにライセンスとして組み込まれるようになっている。LEGO MINDSTORMSのユーザーが自発的にプログラムを改造しただけでなくleJOSという他のユーザーも利用可能なプラットフォームも用意したという事実は，レゴ社の役員にユーザーを単なる消費者以上の存在として扱い始める契機を与えた。

3.4　ケース4. 企業主催型ケース：LEGO Factory／LEGO Design byME

　レゴ社は，2005年より同社のユーザーが創造した商品アイデアをオフィシャルなキットとして入手できるLEGO Factory（後にLEGO Design byME）を開始する。レゴ社はMINDSTORMSの一件を経て，イノベーションを起こすリードユーザーとのやり取りを模索していた。そしてLEGO Factoryはその課題に答えようとするものであった。

　同サービスでは，注文を1つから受け付けて，商品として配送することが

できるのを特徴としていた。ユーザーは，LEGO Digital Designer という無料でダウンロードできるCADソフトを用いて，PC上でLEGOを組み立てることに加えて，そのオンライン上で創作した作品に購入意向の意思表示をすることで，購入することができた。

　LEGO Digital Designerはレゴ社が販売しているほとんどのLEGOブロックを形状別，色別，サイズ別にデジタルデータとして保有しており，ユーザーはそのデジタルLEGOを組み合わせて作品を組み立てることができるようになっていた。入手が困難な部品を用いることや非常に大きな作品も経済的な制約なく作ることができた。このCADソフトウェアを使うことで，LEGOの組み立て説明書が自動的に作成され，出力することもできた。ユーザーはこの専用CADソフトウェアを使ったうえでデザインを行い，そのCADデータを送ると，オフィシャルなキットとしてLEGOが販売してくるプロセスをとっていた。ユーザーがCADで作成した作品のファイルはLEGO Factoryのギャラリーコーナーにアップロードすることができ，他のユーザーに開放することもできた。

　創作したユーザー以外であっても意思表示をすれば，購入することができた。ギャラリーにアップされた作品は全て投票を受け付けていた。ユーザーが望めばレゴ社がそのファイルに使われているデータを基にブロックの部品を仕分けし，箱詰めされ，購入することもできた。LEGO Factoryで注文できるLEGOの商品は，通常購入できるセットよりも高価な値付けがなされていた。価格表には，LEGOブロックの価格に加えて，シッピング手数料とサービス手数料が内訳として記載されていた。シッピング手数料とブロックの価格は使用するLEGOの数に比例して変動するものであったが，サービス手数料は固定の金額だったために，オーダーする作品が小さく，使用するLEGOブロック数も少ない場合は，相対的に高くなる傾向があった。なお，LEGO Factoryはオーダー商品でもあったので，返品は原則受け付けていなかった。

　創作したユーザー以外のユーザーが購入した場合でも，創作したユーザーにロイヤリティなどのインセンティブが支払われることはなかった。

　2012年1月にLEGO Factoryは6年間のサービス提供を終えた。レゴ社は，ユーザーがCADソフトを用いて創り出したアイデアの素晴らしさを認めなが

らも，インターネット上での操作性を含むサービスのメカニズムの扱いにくさが障害となったことを同社のオフィシャルサイトにおいてサービス終了の理由として発表している[13]。

3.5 データ収集に関するまとめ

　本節では，比較分析を行うために，ユーザー参加の継続の有無とメカニズムの有無の2軸で条件設定を行い，複数の情報源から得られたデータの整理を試みた。継続的なユーザー参加が観察されたケースには，どのようなルールや制度があったのかを整理し，それらを継続が得られなかった場合を比較することで，背景に存在する要因をメカニズムとして理解することを試みた。メカニズムの存在に極力注目し，通説と異なる帰結に至る理由が説明可能となるように，関連する情報の記述を試みた。その上で，それぞれのルールや制度がどのようにユーザー参加の継続に寄与したと考えられるのかを示した。

　本分析の対象の特質上，過去にユーザーイノベーションを商業利用していたサービスが継続しなかった場合，そのサイトは現在存在しない場合がある。しかし，分析の目的に合致していれば，このように終了したケースにも知見を求めた。例えば，LEGO Factory のように現在は存在しないプロジェクトであっても，その中止の理由に継続性に関するヒントが隠されているのではないかという視点に立って分析を行った。

13　レゴ社のオフィシャルサイトからの引用：“What happened to DESIGN byME?（DESIGN byME は LEGO Factory が改名された名称）The original Design byME vision was for a unique customization service, where consumers could design whatever they imagined on their computer, and buy the real model in their own LEGO box. Design byME attracted several million people each year to build a huge range of amazing creations using the LEGO Digital Designer（LDD）software. Despite this success, the overall Design byME experience has struggled to live up to the quality standards for a LEGO service. As a result, the LEGO® Design byME service was closed in January 2012." http://ldd.lego.com/en-us/subpages/designbyme/?domainredir=designbyme. lego.com

4 ケース間相違点抽出のためのクロス分析の実施

本節ではクロス分析のための2つの比較分析を行う。第1の分析では，メカニズムがあるにもかかわらず，継続性に異なる結果が得られたケースの比較を行う。第2の分析では，メカニズムを有し長期に及んで継続性を示すケースと，メカニズムを有さないが継続性を示すケースを比較する。その上で，継続する場合と継続しない場合にどのような仕組みや工夫が継続性をもたらしうるメカニズムとして存在し，そこに特定の条件設定が存在したのかを考察する。

4.1 メカニズムを有するケース間の比較分析

まずメカニズムがあるにもかかわらず，継続性に異なる結果が得られたケースの比較分析を行う（図4-2）。2つの事例の比較を行うことで，どのようなメカニズムの差が継続性に影響を与えるのかを模索する。また，これまで知られていなかった特定条件の存在も否定せず，可能性がある要素も取り上げて比較する。

図4-2　メカニズムを有するケース間の比較分析

		継続性	
		なし	あり
メカニズム	あり	LEGO Factory （企業主催型）	LEGO CUUSOO （自律調整型）
	なし	LEGO Architecture （社外発掘型）	LEGO MINDSTORMS ／leJOS （自然発生型）

出所：筆者作成。

共通点の整理

　最初に企業主催型と自律調整型のケース間の主な共通点について述べる。

共通点：サービスの目的

　比較に用いるLEGO FactoryとLEGO CUUSOOは，双方ともユーザー参加型オンラインプラットフォームを活用したユーザーイノベーションの商品化プロジェクトである。[14] 双方ともレゴ社がかかわるものであり，それぞれレゴ社がオフィシャルに公認し，商品化を企業が約束していた点で共通している。

　LEGO CUUSOOが2008年に導入されると，先行してサービスが提供されていたLEGO Factoryのユーザーにも，ユーザーのアイデアを商品化するというサービスとして告知された。それぞれのサービスは，ユーザーに対して異なる商業利用の条件を提示していたが，どちらもLEGOユーザーを対象に，ユーザーによる商品化アイデアを扱う点では共通していた。

共通点：ユーザー

　LEGO FactoryとLEGO CUUSOOの2つのサイトは，LEGOユーザーをターゲットにしたものである。また，双方とも，英語でサービスをグローバルに展開しており，サービスの提供エリアには差異はなかったと考えることができる。さらに，両ケースは同時期に展開されていたことから，ソーシャルメディアなどユーザーが情報拡散に用いることができたツール等の差による影響は限定的であるといえる。ユーザーが2つのユーザー参加型オンラインプラットフォームにアクセスができた時期が重なっていたため，ユーザーは2つのサイトを比較のうえ，利得が高い方を選択して利用することができた。[15]

14　この点は小川（2005）による良品計画における2つの異なるメカニズムの比較研究と条件は同一である。しかし，今回の比較研究では双方のケースに同じ商品であるLEGOを用いた事例を用いることで，商品特性が継続性に与える影響を省いて考察できるような条件設定となっている。良品計画の場合，ユーザーが提案する商品は無印良品というブランドは共通していても，扱う商品は毎回異なった。実際商品化されたアイテムは「持ち運びのできる明かり」（照明）「壁棚」（雑貨小物）「体にフィットするソファー」（家具）それぞれ異なる商品カテゴリーのアイテムであった。

15　LEGO FactoryとLEGO CUUSOOは2008年から2012年まで平行して存続していた。この4年間は1社の企業が2通りの商業利用のメカニズムを平行して実施していたという点では，ユーザー参加型オンラインプラットフォームの研究史においても大変興味深い

共通点：投稿メカニズム

　LEGO CUUSOOはLEGO Factoryと同様にユーザーによる商品案をもたらす投稿メカニズムを有していた。2つのサイトはどちらもレゴ社が探索してユーザーイノベーションを集めるのではなく，ユーザーからプラットフォームに投稿してもらうことができるためにレゴ社にとっては，変動費として商品化のヒントとなるアイデアを調達できる意味合いがあった。

共通点：投票メカニズム

　LEGO FactoryとLEGO CUUSOOには，ユーザーによる商品案に対して購入意思を表明する投票メカニズムが存在していた。それぞれのサイトでは購入できるまでの投票数の条件が異なっていたが，それは差異点として後述する。

差異点の整理

差異点：投票メカニズムの条件設定

　LEGO Factoryでは商品化に必要な投票数は1票であった。一方，LEGO CUUSOOでは，商品化が検討開始されるためには1万票の投票が必要であった[16]。LEGO Factoryでは，他のリードユーザーが提案したアイデアに対して，投票を通じて購入の意思表示をすることで，購入できることが確約されていたが，LEGO CUUSOOの場合は，1万票の閾値に達しても，レゴ社による商品化の検討というプロセスを経る必要があった。

　LEGO CUUSOOでは，レゴ社の担当者が，ダッシュボード（dashboard）と呼ばれる専用の管理者向け閲覧画面を通じて，投票情報から類推される潜在的な市場に関する情報を入手することができた。そのため，これらの情報を分析して，商品化前から市場性の検討を行うことができた。

差異点：価格決定方法

　商品の価格決定のアプローチにも2つのケース間に違いが認められた。LEGO

時期であるといえる。

16　2011年に1,000票から1万票に変更された。この先の分析では1万票で統一して記述する。

Factoryでは価格情報はLEGO側が見積もって提示した。

　一方で，LEGO CUUSOOではユーザーが購入希望価格を提示した。LEGO CUUSOOでは，ユーザーの属性情報から価格に対する支払い意思額を商品開発前から知ることができるようになっていた。

差異点：報酬制度

　LEGO Factoryでは，ユーザーに対する金銭的な報酬は約束されなかった。リードユーザーが提案したアイデアに対して，他のユーザーが購入しても，そのことによる金銭的な見返りは用意されていなかった。リードユーザーにとってのLEGO Factoryの利用動機は，自分が生んだアイデアがレゴ社から発売されることから得られる効用に限られていた。

　一方で，LEGO CUUSOOでは，サービス開始当初より成功報酬の存在が知らされており，商品化に至った場合は，売上の1%のロイヤリティの支払いがリードユーザーに対して約束されていた。

差異点：仲介者の有無

　プラットフォーム運用に関しては，LEGO Factoryはレゴ社内で行い，仲介者の関与はなかった。一方でLEGO CUUSOOの運営は社外の仲介者が担った。レゴ社内スタッフで運用されたLEGO Factoryと異なり，LEGO CUUSOOの運用にあたったのは，仲介する企業の数名のエンジニアであり，必ずしもレゴ社内のリソースに対して人的なつながりをもってアクセスできたわけでも，大人のLEGOファンで成り立っているAFOLsなどのLEGOユーザーコミュニティに働きかけができたわけでもなかった。

　そのため，LEGO CUUSOOでのオンラインプラットフォームの運用には，属人的な対応による参加アクターの利害一致を図るアプローチではなく，サービスやルール等のシステム化を通じて，参加アクターの利害一致を生み出さざるをえないという制約があった。このような制約から企業には，報酬は支払いに見合う商品案が得られた場合のみであることを示し，同時にリードユーザーに対しては，企業が望む商品案を提案するほど，報酬額が増加するようなルールが設計された。

LEGO CUUSOOの運用を行った仲介者も，LEGO Factoryの運用を行った
レゴ社内スタッフと同様に，ユーザーイノベーションの商業利用を目的とす
るオンラインプラットフォームを長期に及んで運用し続ける動機づけがあっ
たと考えられる。しかし，LEGO CUUSOOの仲介者には，商業利用の成功に
応じて支払いが生じるロイヤリティ契約があったため，短期間にヒット商品
が生まれることを促す動機がよりいっそう働いていたと考えられる。市場で
の成功に直接連結した報酬をもらうこととなっていたLEGO CUUSOOの仲
介者は，より多くの投票が早期に集まる帰結が得られる状況を生み出すよう
に動機づけられていたといえる。

差異点：商品仕様の決定
　商品化に関する最終仕様は，LEGO Factoryではユーザーが決定した。LEGO
Factoryではデータが揃ったうえで，購入希望をすれば商品化が約束されて
いたが，1人のリードユーザーがアイデアの創造，必要となる部品のデータ
の入力，購入の全てを担う必要があった。
　LEGO CUUSOOにおいては，商品化を行うかどうかの決定は，レゴ社が行
った。レゴ社は商品化を見送ることもできた。商品化を決定した場合は，ユ
ーザーのデザインを参考にしつつ，レゴ社内のスタッフが最終デザインを行
い，最終仕様の決定はレゴ社が行った。

4.2　高い継続性を示すケース間の比較分析
　次に，継続性が得られている場合において，メカニズムの有無がどのよう
な差をもたらしうるのかを比較する（図4-3）。

共通点の整理
　自立調整型と自然発生型のケースに共通する点を整理する。
　ユーザー参加の商品化を目的にしたLEGO CUUSOOと，ユーザーが開発
したLEGO MINDSTORMS制御プログラムの共有を目的にしたleJOSは，継
続性を示したユーザー参加によるオンラインプラットフォームの事例である。

図4-3　高い継続性を示すケース間の比較分析

継続性

		なし	あり
メカニズム	あり	LEGO Factory （企業主催型）	LEGO CUUSOO （自律調整型）
	なし	LEGO Architecture （社外発掘型）	LEGO MINDSTORMS ／leJOS （自然発生型）

出所：筆者作成。

共通点：ネットワーク外部性

　LEGO CUUSOOとleJOSは，どちらもデジタルコンテンツが蓄積されることで，ユーザーの利用価値が高まる構造を有している。このようなユーザーの増加自体がオンラインプラットフォームの利用価値を生み出すネットワーク外部性が共通点として観察された。

　例えば，LEGO CUUSOOにおいては，すでに1万票の閾値に達する直前に投票するユーザーには，商品化の可能性が高い状況からの参加なので，投票メカニズムがネットワーク外部性を有していたと考えることができる。この構造は，投票を受け付けていた全ての商品アイデア毎に働いていたと考えられる。

　leJOSにおいても，共有されているプログラムが増加するほど，新規ユーザーにとっての利用開始の利得は増加する。このため，プログラム毎に，ネットワーク外部性が働いていたと考えられる。

　このように高い継続性を有していたケースには，共通してユーザーがもたらすコンテンツ毎にネットワーク外部性を示す構造があり，その結果，ユーザーが増えれば増えるほど，ユーザーが集まりやすくなっていた。

　LEGOを使うユーザーは4億人と多い。母数となるLEGOのユーザーが多かったことにより，サービスを知ることで，利用を開始するユーザーは一定

数確保されたと考えられる。サービス開始の初期段階で，LEGOに関するデジタルコンテンツを提供するリードユーザー数が一定数存在したであろうことは，比較的短い期間で目に見える効果をもたらすことに寄与したと考えられる。

　このようなネットワーク外部性を有するプラットフォームに，ユーザーが利用したくなるコンテンツが一定数蓄積すると，ユーザー数も，ユーザーが生み出すコンテンツも増加する傾向があり，ユーザー参加のオンラインプラットフォームの継続性に大きく寄与していると考えられる。

共通点：リードユーザーによるメカニズムの補完
　LEGO CUUSOOとleJOSのどちらにおいてもリードユーザーは大きな役割を果たしているといえる。

　LEGO CUUSOOでは，リードユーザーがレゴ社が商品化していないテーマの商品案を一般ユーザーに対して働きかけることで，潜在的なニーズを顕在化し，商品化の可能性を高めていた。企業が商品開発予算の範囲内でカバーできる領域には限界がある一方で，ユーザーが持つ嗜好の幅や，関心のあるテーマの幅は広く，ユーザーが自律的に望む商品化のテーマを投稿し，それぞれに関心のあるユーザーコミュニティが投票を通じて，購買意欲を明らかにすることで，レゴ社単体ではなし得なかった新商品開発案の幅の中から，有望な案のみを選択する市場を発見する機能をリードユーザーが補完していたといえる。このようにリードユーザーが一般ユーザーから商品アイデア毎に投票を募ることで，企業単体では持ち得なかった新市場に関するデータ収集のメカニズムをもたらしていると考えられる。

　leJOSの発端は，もともとレゴ社が用意したLEGO MINDSTORMSのコントロールボックス用のプログラムに物足りなさを感じたリードユーザーが個人的にプログラムを改善し，オンライン上で共有したに過ぎなかった。しかし最初のユーザーが抱いたニーズは他のユーザーにも共通していたことから，他のユーザーの要望に応えるような形で，改変可能な言語で書かれたプログラムがダウンロードできるようにオンラインプラットフォームとして発展していっただけでなく，ユーザーの継続的な参加によって，プログラムの改良

やアップデートも可能となっていった。

　企業が提供するプログラムのリプレイスは通常入手できない。また，個人で開発をするにはコストもかさむ。しかし複数のユーザーが協力しあって，ユーザーが開発したプログラムをオンラインでダウンロードできるオンライン上の環境が用意されることで，他の多くのユーザーが使用できるようにすることは可能である。leJOSは，そのようなリードユーザーによって作られたプログラムを共有するコミュニティである。このコミュニティが提供するプログラムの開発者のつながりは，レゴ社とは独立しているが，補完関係にあるといえる。

　この2つのケースには共通して，インターネット上で探しているものが見つからない場合，リードユーザーが自ら解決策を創造している様子が観察できる。リードユーザーが生み出す解決策の中には，ユーザーコミュニティに働きかけて，データを収集するようなフラットな関係性を持つものや，複雑な機能を持つシステムを手分けして開発するような機能分化型の関係性を持つものが存在しうる。いずれも企業が提供しない価値をユーザー間で分散して補う点は共通している。

　このようにユーザーコミュニティに共通して存在する問題を相互の助け合いによって解決しようとする一連の行為は，企業単体では解決できないニーズが存在する限り，リードユーザーによってでなければ解決策は提供されないため，リードユーザーは継続性の因子となっていると考えられる。

共通点：オンラインコミュニティ

　LEGO CUUSOOとleJOSのどちらにも，複数のオンラインプラットフォーム間を行き来するAFOLsと呼ばれるコミュニティが存在していた。比較する2つのケースは，双方とも英語でサービスをグローバルに展開しており，提供エリアには差異はなく，同時期に存在していた。このため，この2つのケースを利用したユーザーは，インターネット上では，同じソーシャルメディア等を通じて，相互の存在を知り，プラットフォーム間を行き来することができた。

　Antorini et al.（2012）が指摘した25万人にも上るAFOLsのユーザーグル

表4-2　LEGOのユーザーが参加するオンラインプラットフォームの事例

プラットフォーム	ユーザーによるイノベーションの内容
「BRICKPEDIA」	● LEGOに特化した辞書サービスを提供するウェブサイトで，WIKIPEDIA同様，ユーザーによって有用と思われる情報をユーザー自身が追加，編集する。なかには不適切な書き込みを行うユーザーもいるため，ユーザーもしくはユーザーグループの有志が管理権限を設定し，適切に運用されるように監視をしている。
「LUGNET」	● 過去に製造された全てのブロックのID情報が，インターネット上で検索可能なデータベースとして公開されている。ブロックのID情報は定期的にユーザーによって更新され，新しいブロックが発売されるたびに各製品のIDや写真，CADデータが登録される。このような不断のメンテナンスは「LUGNET」の管理権限をもったユーザーが存在して初めて可能となる。
「PEERON」	● 組立説明書のライブラリー。ユーザーがスキャンした，過去に発売されたLEGOセットの組立説明書が自由に閲覧できるようになっている。これもユーザーによって管理，更新されている。管理者はデータベースの使用ルールを定め，ユーザーに告知するとともに，詳細なマニュアルを無償で用意している。
「LDRAW」	● オープンソースのCADソフトウェアである。このソフトウェアでデザインされたブロックやセットは，レポジトリーに格納され，誰もが自由にダウンロードして使えるようになっている。これらのデータをレンダリングし，CGとして出力すると，組立説明書として使用することもできる。
「Bricklink」	● LEGOブロックのID情報や関連データを巧みに活用することで成立している世界最大の中古ブロック市場である。ブロックを再販するユーザーが，在庫情報とID情報を照合し，前出のLDRAWによるCGを活用して，自らが運営するeコマース店舗においてコンテンツとして使用している。1人のユーザーによって開設されたこの市場は，彼の死後も他のユーザーに管理権限が引き継がれ，現在の運用に至っている。

出所：西山・藤川（2016）をもとに著者作成。

ープは，もともとは，オフラインのコミュニティとして存在していた。これらのコミュニティのメンバーは，近隣の都市で集まり，自分たちの作品を公開し賞賛しあうカルチャーをインターネットができる前から有していた。ソーシャルメディアの登場後も，LEGOユーザーコミュニティ内で自分たちの活動を共有したいというインセンティブが，継承されたため，LEGOに関するデジタルコンテンツがオンライン上で蓄積されていった。

　インターネット上で「LEGO」というキーワードを検索するとレゴ社自身によらないコンテンツの多くがLEGOユーザーによって作成されていること

に気付かされる。実際LEGOユーザーによって管理，運営されているユーザー参加型オンラインプラットフォームは多数あり，ユーザー同士が消費行動を超えた活動を行っている（表4-2）。

　このようなユーザーコミュニティは，関心領域を共通とするユーザー同士が集う現象としてCOI（community of interest）と呼ばれ，インターネット上でオンラインユーザーコミュニティ（online user community）を形成し，活発なやり取りを交わすこともよく知られている。

　オンラインで活動するAFOLsユーザーのコミュニティでは，レゴ社がリリースした商品に関する感想を交換することも多いが，他のブランドやトピックのコミュニティと異なり，ユーザー自身が作った作品の写真公開を通じ，新たなトピックを自律的に創造する点が特徴的である。このようなオンラインユーザーコミュニティの存在は，LEGO CUUSOOとleJOSのどちらにおいても新規のユーザーコミュニティの拡大の一翼を担っていたと考えられ，そのことが継続性にプラスの影響を与えていたと考えることができる。

共通点：明確なルール

　ユーザーコミュニティの参加を促すルールの存在は，LEGO CUUSOOとleJOSのどちらにも高い継続性をもたらした。

　LEGO CUUSOOのケースでは，商品案を提案するリードユーザーの活動に対して報いるインセンティブが提示されており，どのような場合に報酬が生じるのかという点がルール化されていた。リードユーザーには，商品の成功に連動したロイヤリティが約束されていた。具体的には，1万票の投票を集めると，商品化が検討され，商品となった暁には，売上の1%が支払われることが記されていた。このことにより，リードユーザーの，投票を行うユーザーを集める努力と，魅力的な商品案を投稿するという行為は，1つの報酬制度で報われるようになっていた。

　leJOSにおいて，リードユーザーがファームウエアを一般的なプログラミング言語に置き換えるアイデアとその具体的な実践は，他のユーザーにとっての問題解決となった。その際，リードユーザーが自らプログラミングをし

たソフトウェアをオープンソースとして公開したため，誰もが無料でアクセスできた。また，オープンソースとしたことで，他のリードユーザーが改善した場合でも，同じ条件でコミュニティに還元されたためプログラムの種類が増えていった。このように，leJOSにおいてもユーザーコミュニティが参加できるオープンソースのルールがあったことが，サービスの継続性に寄与しているといえる。

　LEGO CUUSOOのケースにおいて，ユーザーが新商品のアイデアを投稿する際のルール，つまり，1万票をもって商品化が検討され，商品化された場合には売上の1%のロイヤリティが約束される報酬に関するルールと，leJOSのケースにおいては，オープンソースとしてユーザーに対して，ソフトウェア利用と改変を無償で認めるルールの提示は，ユーザーに参加を促す一要因になっていたと考えられる。

差異点の整理

差異点：リードユーザーへの報酬制度

　LEGO CUUSOOには，貢献するリードユーザーに対して金銭的な報酬が提示されていたのに対し，leJOSには，金銭的な見返りは用意されていなかった。

　leJOS以外にもレゴ社とは独立して，自律的に活動するLEGOユーザーコミュニティは複数存在する。例えば，LEGOに纏わる「BRICKPEDIA」「LUGNET」「PEERON」「LDRAW」などのユーザーによる活動は，ユーザーがコミュニティとして参加できるオンラインプラットフォームであり，ユーザーによって運営・管理も行われている。これらのプラットフォームは自然発生的にユーザーコミュニティによって生み出されたものであり，レゴ社の事業計画に基づいて用意されたメカニズムでは運用されてはいない。ビジネスモデルとしては，中古LEGOの販売マージンやeコマースが提供するアフィリエイトプログラム，そして広告収入によって必要経費を得ている。しかし，このような収入は主にサーバー使用料などの維持費に充てられ，リードユーザーの貢献に対しての報酬として支払われてはいない。

差異点：仲介者への報酬制度

　leJOSの運営者に対してレゴ社が資金的な支援をすることはなかった。LEGO CUUSOOにおいては同サイトの活動はレゴ社のオフィシャルスポンサーとして，固定的な手数料（fee）の支払いに加えて，商品の業績に応じた成功報酬制の2つが仲介者に対して設定されていた。

　この2つの収入源は運用を行った仲介者に次のような行動規範を与えることになった。まず，売上に連動するロイヤリティは，より大きな売上をもたらすイノベーションを生み出すリードユーザーを発掘する動機となっただけでなく，短期間で目標値の1万票を達成できるようなコンテンツを探索するようなインセンティブも与えた。すなわちロイヤリティという成功報酬制の存在は，レゴ社と仲介者の双方に売上につながるイノベーションを選択することへの経済的な合理性を生み出した。

　一方で，固定的なフィーの支払いがあったことにより，試みが継続するような施策がとられるインセンティブも生まれた。これらの2つのタイプの仲介者に対する報酬制度は商業的な成功とプラットフォームの継続性に優先するために有利に働いた。

差異点：権利処理

　leJOSにおいて，レゴ社によるLEGO MINDSTORMSのオフィシャルプログラムをリプレイスするプログラムが無料で提供された。このプログラムはオープンソースであったゆえに，無料でユーザーが入手できるだけでなく，そのOSに基づいて開発されたアプリケーションは，やはり他のユーザーが無料で使用することを許諾する形でオンラインコミュニティに還元された。この権利処理のルールが存在したため，所有権をめぐるトラブルを未然に回避することが可能となった。また，参加ユーザーが全員同一の権利処理を行ったことにより，特定のユーザーがそれまで蓄積されたノウハウをフリーライドして持ち出すということも回避された。

　LEGO CUUSOOの場合，プラットフォームの利用はleJOS同様無料であったが，権利処理の条件はオープンソースではなく，プラットフォームが独自に設定されたものであった。LEGO CUUSOOにおいては，全ユーザーに仲

介者が定める権利の扱いルールに合意することを求めた。投稿されたアイデアの著作権の扱いに関しては，後にレゴ社にライセンスされることを念頭に，仲介者に帰属させることが求められていた。そして，その対価として商品化されてロイヤリティが入った場合はその一部をユーザーに還元することが約束されていた。

差異点：対象物

leJOSでは，参加者間でやりとりされる対象物はユーザーイノベーションによるプログラムであったのに対して，LEGO CUUSOOで扱われるものは，レゴ社に商品としてユーザーが生み出した知的資産を許諾する権利であった。leJOSでは，ユーザーが創造したプログラムそのものが他のユーザーによって利用可能であったユーザーイノベーションであったのに対して，LEGO CUUSOOにおいては，レゴ社が商品化を決定しない限りユーザーイノベーションの価値は具現化しなかった。

5　考察

5.1　メカニズムを有するケース間の比較分析の考察

特定メカニズムがもたらす企業とユーザーにとってのメリット

LEGO FactoryとLEGO CUUSOOに共通する1つの特徴は，他のケースと異なり，ユーザーと企業の双方が参加することによって初めて成立するオンラインプラットフォームであるという点にある。この2つのケースには投稿と投票メカニズムが採用されており，比較を通じて，ユーザーと企業のオンラインプラットフォームに参加することで得られる効用を整理することができた。

LEGO Factory並びにLEGO CUUSOOで採用されたメカニズムは，オンラインプラットフォームを利用する企業とユーザーに共通したメリットをもたらしていた。このことから，採用された投票と投稿のメカニズムから企業とユーザーが得られるメリットの理解が進んだ。投稿のメカニズムは，ユー

表4-3　ユーザーイノベーションの商品化メカニズムとアクターの効用

	商品化メカニズムの種類	
	投稿メカニズム	投票メカニズム
企業の効用	新しい商品案が発掘できる。	商品化前に潜在市場規模を確認することで，開発リスクを軽減できる。
ユーザーの効用	市場では入手できない商品を企業に対して提案する機会が得られる。	最終商品化の選定プロセスに参加することで，商品の入手できる確率を高めることができる。

出所：筆者作成。

ザーに，購入を希望する商品案を企業に提案できる機会という効用をもたらした。その結果，企業には，企業単独では発見できなかった潜在的な新商品の発見機会という効用をもたらした。投票メカニズムは，ユーザーに対して，カスタマイズされたセットを購入できる機会という効用をもたらし，企業には新商品案に対する潜在市場の存在を投資決定前に把握できる効用をもたらした（表4-3）。

メカニズムの条件設定が企業とユーザーの行動に及ぼす影響

　LEGO FactoryとLEGO CUUSOOで採用された投稿と投票のメカニズムは共通していたが，投票メカニズムの条件設定に一部異なる点があることがわかった。具体的には，企業が商品化を決定する際に閾値として用いる投票数の設定に差が観察された。メカニズムの条件設定の差は，オンラインプラットフォームを利用する企業とユーザーの双方にとってのメリットに差をもたらした。

　投票メカニズムにおいて，消費ユーザーによる投票は，企業が意思決定を行う際に用いるパラメーターとして用いられていた。そのパラメーターは企業だけでなく，リードユーザーや一般ユーザーにも公開されており，投票数が閾値に達しそうかどうかは，参加者全員が知ることができた。

　企業が商品化の意思決定を行う投票数の閾値は，企業自身が設定可能なパラメーターであり，その設定数の差は，ユーザーの行動に影響を与えた。具体的には，LEGO CUUSOOで観察された1万票という閾値の設定は，1票の

場合と比較して，ユーザーに対して他のユーザーの参加を促すというLEGO Factoryには見られなかった行動を促した。閾値が1票であったLEGO Factoryでは，リードユーザー自身が，アイデアの投稿後，そのまま自分が投稿した商品案を商品として購入することができた。しかし，LEGO CUUSOOにおいては，閾値が1万票と多かったため，リードユーザーは一般ユーザーの協力を得ることなくしては，商品化を達成することができなかった。

　異なる閾値の設定は，企業にとっても重要な意味合いを帯びていた。LEGO Factoryで観察された1人のリードユーザーの提案を商品化する条件設定は，リードユーザーに個人の欲しいものの提案を促し，リードユーザーが個人的に所望するアイテムだけが商品化される結果をもたらした。このために，商品化決定の閾値が1票の投票メカニズムは，個人的なニーズを満たす色彩が強く，他のユーザーを集める効果は乏しい。LEGO Factoryで観察された投票数が1票でもあれば商品化するというメカニズムの条件設定は，リードユーザーの利得を満足させたが，企業の効用の観点から見ると，売上への貢献は限定的であったと思われる。

　企業にとって，購入希望意思を示すユーザーの存在が1人の場合は，その商品のニーズに一般性があるのかを判断することは困難である。一方で，1万人のニーズが確認できる場合，企業は，潜在的な市場の存在を判断しやすくなる。このように，投稿と投票メカニズムは，企業に対して，新商品の開発リスクを軽減するメリットをもたらしたといえるが，閾値が1票に設定されていたLEGO Factoryにおいては，LEGO CUUSOOと比較してメリットは限定的であったと考えられる。

　同一企業が，投稿，投票メカニズムを採用する2つのオンラインプラットフォームを同時期に開催し，一定時期を経たのち，片方のみを継続させた[17]。このことにより，メカニズムの条件設定は，企業が得られる効用に相対的な差を与えたと考えることができる。条件設定の変更により，企業への収益貢献

17　LEGO Factoryが採用した1人のユーザーの注文で商品化を約束する投票メカニズムとLEGO CUUSOOが採用した1万人集まらなければ，商品化しない投票メカニズムは，同時期に同ユーザーグループに提供された。このため，ユーザーがどちらのサービスを選んだのかという結果は，どちらのメカニズムが「より好ましかったか」という観点でも解釈可能である。

を強化できる余地があるということの示唆は，先行研究では得られなかった
知見であったといえる。

報酬制度の有無がユーザーの行動に及ぼす影響

　LEGO Factory と LEGO CUUSOO の間には，報酬制度の有無が差異点とし
て観察された。比較分析を通じて，メカニズムと連動した報酬制度がユーザ
ーに及ぼす影響についても理解を深めることができた。LEGO Factory には，
報酬制度は用意されていなかったが，LEGO CUUSOO においては，投票メカ
ニズムと連動する報酬制度が提示されていた。

　LEGO Factory では，アイデアの考案者は，自身が購入者となれば商品化
できることが，サービスのアピールポイントとなっていたため，自らが欲す
るテーマを提案することにインセンティブが働いた。一方で LEGO CUUSOO
でのリードユーザーは，販売実績に応じ，売上の1％が報酬として得られる
ことが約束された。そして報酬を受け取るためには，1万票の投票を得て商
品化を達成することが前提となっていた。このような報酬制度が提示された
ことにより，商品案の考案を行うリードユーザーにとっては，自尊心を満た
す作品を出すよりも，大勢の人が望む商品を提案したほうが収入は多くなる
ため，他のユーザーのニーズを意識したアイデア投稿を行うインセンティブ
が働いたといえる。このように報酬制度のあり方はリードユーザーがどのよ
うなテーマで投稿するのかというテーマ選考に影響を与えたと考えることが
できる。

　企業は，オンラインプラットフォーム上に投稿メカニズムを導入すること
で，アイデアの考案者と購入者とを区別することができるようになった。さ
らに，企業は，投票メカニズムと連動する報酬制度の導入を通じて，商品ア
イデアを提案するリードユーザーと，提案をしたうえに投票を集めるリード
ユーザーとを区別して把握することができるようになっただけでなく，その
タイプ毎にインセンティブを設計できるようになった。その結果，企業によ
り多くの売上をもたらすユーザーイノベーションを引き起こすリードユーザ
ーに対して，企業に望ましい行動へと導くマネジメントを行うことが可能に
なった。

このように投稿メカニズムの導入は，報酬を望むリードユーザーと購入を望む一般ユーザーの区別を可能にし，企業にそれぞれのユーザータイプ毎に即したマネジメントを可能にした。また，投票メカニズムと連動した報酬制度は，プラットフォームに提案される商品アイデアの質に影響を与えた。ユーザー参加のオンラインプラットフォーム上で，投稿メカニズムと投票メカニズムを接続し，投票メカニズムと連動した報酬制度を通じ，企業活動にユーザーの協力をより得られる余地があるという発見は，先行研究からは得られなかった知見である。

ユーザーと企業間の相互作用

　LEGO FactoryとLEGO CUUSOOはいずれもユーザーと企業のどちらかが参加しなかった場合，もう片方の効用は満たされることはない。具体的には，リードユーザーの投稿なくして，企業にはユーザーイノベーションの商業利用を通じた収益機会は生じない。一方で，企業の参加なくして，商品化は行われず，ユーザーには商品の購入や，報酬の受け取りは生じない。このように，LEGO FactoryとLEGO CUUSOOでは，企業とユーザーは相互に依存する関係にあった。

　売り手と買い手の効用を満たす取引の内容をモデルとして理解し，仕組みを人為的に再現することで，財が取引されるプロセスとその帰結の関係を明らかにするアプローチは，既往の研究で用いられるアプローチをとることができる（O'Hara, 1995）。取引の概念を用いて，取引される財を定義し，財の売り手と買い手がどのような条件で取引を行うのかを考察することで，観察されたケース毎にオンラインプラットフォームで行われたことの整理を進めると，LEGO FactoryとLEGO CUUSOOにおいて観察された相互作用は，企業とリードユーザー間での取引関係として整理することができる。

　LEGO FactoryとLEGO CUUSOOでは，リードユーザーが提案したアイデアが投票の条件を満たした場合，商品を購入することができた。その意味では，LEGOという商品の供給を行う企業とその商品を消費するユーザーの取引関係が観察されたといえる。さらに双方のケースでは，リードユーザーからレゴ社に対してユーザーイノベーションが提供されていたことが確認され

ており，レゴ商品の購入という取引とは，異なる形態の取引が生じていたと考えることができる。LEGO CUUSOOでは，企業はユーザーイノベーションの対価として，売上の一部をロイヤリティとして支払うという条件が提示されていた。そのことから，少なくとも，企業は，ユーザーイノベーションを入手する費用を計上していたことが確認できる。

　この取引は，商品の取引のように目に見える形をとらないため，認識しにくい点は否めない。しかし，条件を満たした時に対価が支払われる取引条件が存在していたと考えることは可能である。ケースで観察されたのは，ユーザーイノベーションが1万の得票数を獲得し，レゴ社が商業利用を決定した時，ユーザーイノベーションを商品として利用する権利がリードユーザーから企業に提供されるという内容であった。その際の対価としては，商業利用によって企業が計上した売上の一部を受け取れるということとなっていた。このように，条件付きの取引であったという解釈を加えることで，企業は特定のユーザーの活動の成果に対して，対価を用意することでユーザーと取引をしたと考えることができる。

LEGO Factory上で行われる企業とユーザー間の取引

　取引の概念を用いて，整理を進めると，LEGO Factoryにおいて観察された相互作用は，企業とリードユーザー間でやり取りする2者間で2つの財を取引する関係として整理することができる（図4-4）。

　LEGO Factoryにおいて，第1の財はリードユーザーが投稿した商品案であったと考えることができる。第1の財はリードユーザーからレゴ社に提供されたが，レゴ社はLEGO Factoryではユーザーイノベーションに対して報酬を用意していないので取引はなかったと考えることができる。ユーザーは，投票をすることで，この商品の購入意思を表明することができたが，ここで購入される対象となったのは，この商品案をもとにレゴ社が商品化したLEGOセットであった。このLEGOセットは，第2の財として考えることができ，ユーザーがその価格で商品の対価を支払った時に，第1の取引が成立したと考えることができる。

図4-4　LEGO Factoryにおけるユーザーと企業間の取引

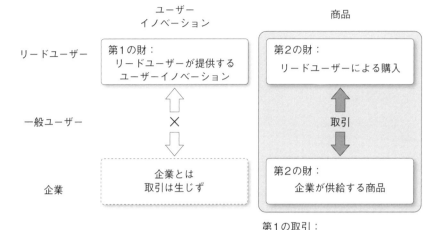

出所：筆者作成。

LEGO CUUSOO上で行われる企業とユーザー間の取引

　LEGO CUUSOOにおいて，第1の財はリードユーザーが投稿した商品案であったと考えることができる。第1の財はリードユーザーからレゴ社に提供された。レゴ社はユーザーイノベーションに対して，商業利用に至った場合，売上の1%を報酬として用意した。この報酬に関する取り決めは，サービスの利用規約に記載されていたため，リードユーザーがサービスの利用を開始した時点で，この取引に応じる意向があったと考えることができる。ここでの取引は，リードユーザーが供給する商品案をレゴ社が商品化した場合に計上する売上の1%を対価として支払うという条件で成立したと考えることができる。

　第2の財は，LEGO Factoryと同様に，ユーザーの投票数が閾値に達した場合に，購入可能となるこの商品案をもとにレゴ社が商品化したLEGOセットである。ユーザーは，投票を通じて商品の購入意思を表明したユーザーが1万票を超えてレゴ社が商品化を決定した場合，実際に購入することができた。このLEGOセットの購入が，第2の取引であったと考えることができる。

図4-5　LEGO CUUSOOにおけるユーザーと企業間の取引

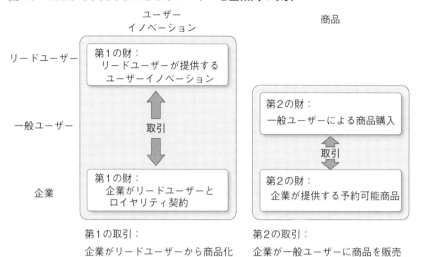

出所：筆者作成。

　LEGO CUUSOOにおいては，リードユーザーがコンテンツを投稿するだけでは，商品化の検討はされず，消費をするユーザーが1万票以上，投票を通じて購入意思を表明する必要があった。このため，LEGO CUUSOOでは，リードユーザーだけでなく，消費するユーザーの参加も重要な役割を果たした。LEGO CUUSOOにおける取引には，2通りの財があったという以外に，企業とユーザーの間に異なる取引が2つあったと捉えることができる（図4-5）。

　LEGO CUUSOOでは，LEGO Factroyと同様に投稿メカニズムと投票メカニズムが採用されていた。このメカニズムに参加する企業とユーザー間のやりとりは，一見すると同じものであったように見える。しかし，取引の概念を用いて，LEGO CUUSOOで生じた企業とユーザーの関係を見てみると，LEGO Factoryの取引関係とは異なるものであったことがわかる。

価格決定のアプローチ
　LEGO FactroyとLEGO CUUSOOとの間には，価格決定の方法にも差異が

観察された。LEGO Factoryにおいては，システマティックに価格決定が行われた。商品の価格は，ユーザーが使用したいブロックを入力すると，セットの価格は自動的に積算され，画面に表示された。価格決定ロジックに基づいたシステムは，使用されるブロック数や種類に応じて，自動的に最終価格としてユーザーに提示され，市場性の判断とは関係なく，一定の利益率に基づいた値付けが行われていた。一方，LEGO CUUSOOにおいては，ユーザーが商品アイデアに対していくらだったら購入するかという購入希望価格を投票時に入力するようになっていた。それらの価格情報は，他のユーザーには公開されず，レゴ社だけが閲覧できるようになっていた。レゴ社によって最終的な価格は，商業利用が決定し販売される時に，商品毎に決定された。

　このことから，LEGO Factoryでは，商品毎の利益率の差は存在しなかったが，LEGO CUUSOOにおいては，商品毎に異なる価格戦略を採用する自由度が与えられていたことがわかる。LEGO CUUSOOにおいてはユーザーが付加価値を感じる商品アイデアに対しては，通常よりも高い値付けを表明した場合，企業には，より利益率の高い商品案を特定できる余地があったと考えることができる。このようにLEGO CUUSOOには，投票数以外に，価格に関する情報を得られたことで，商品毎に異なるユーザーの価格弾力性の把握や，想定される市場規模の試算が可能となった。これらの情報は，LEGO Factoryにおいて困難であった商品アイデア毎の事業性の評価の可能性を切り開き，成長ポテンシャルのあるユーザーイノベーションの見極めと，戦略的な商業利用の投資判断の余地を企業に与えたと考えられる。

5.2　継続性を示すケース間の比較分析の考察
企業とユーザーの関係性

　継続したオンラインプラットフォームのLEGO CUUSOOとleJOSの2つのケースの比較分析から，企業とユーザーコミュニティのかかわり方に異なるパターンが存在しうることが確認できた。

　leJOSはレゴ社が販売するLEGO MINDSTORMSという商品に使用されているプログラムをユーザーが独自に開発し，ユーザー間で共有することを目的としたオンラインコミュニティである。企業とユーザーが協力しあうとい

う観点では，LEGO CUUSOO も同様の解釈ができる。しかし，ユーザーが開発したプログラムに基づいて，レゴ社が商業利用をしないという点で，LEGO CUUSOO とはかかわり方が異なる。

　レゴ社が販売する商品に付属するオフィシャルのプログラムをユーザーが書き換えたものを共有する leJOS は，商品開発に生じたユーザーコミュニティによる活動であった。leJOS は，レゴ社が予期せぬ形でユーザーイノベーションを誘発したケースであるといえる。leJOS の場合には，ユーザーが開発したプログラムの仕様や交換条件など，ユーザーが完全にリーダーシップを取ることができた[18]。他方で，LEGO CUUSOO はユーザーが創作した作品をユーザー自身の手によって潜在市場を開拓できるようにサポートする役割を担うプラットフォームであったが，レゴ社が製造を行うことなくしてプロセスが完了しないために，最終決定権はレゴ社にあったといえる。

　レゴ社が開発したものをユーザーが補完して他のユーザーも利用できるようにする leJOS に対して，LEGO CUUSOO ではユーザーが提案した商品案をレゴ社が商品として完成させた。企業経営の観点から見ると leJOS では，レゴ社が収益を確定したあとで，ユーザーがオンラインでの参加を継続させたと解釈できる。つまり，leJOS は，企業活動の後に生じたユーザー参加による商品価値創造の活動であったと捉えることができる。これに対して，LEGO CUUSOO では，レゴ社が，ユーザーの商品案を商業利用して初めて収益化が可能となった。このため，企業がより利用価値の高い商品案を得られるようにオンラインプラットフォーム上のメカニズムを提供する動機が生じていたと解釈できる。

　このように，ユーザー参加による生み出す価値が，企業活動の後に位置づけられるのか，それとも企業活動と重なって存在しているのかによって，企業とユーザーのかかわり方が変わってくることが理解できた。

18　特筆すべきはイノベーションが起こったのは，レゴ社がデジュール標準で進めてきたハードウエア分野で起こったのではなく，LEGO ユーザーがすでに様々なソフトウェア資産を共有化して保有していたデジタル分野で生じたという事実である。ある意味ユーザーは，企業とは異なる次元で新しい市場を発見したともいえる。

表4-4　取引タイプ毎のアクターの効用

| アクター／取引される財 | 第1のアクター：企業 | ユーザー | | 第4のアクター：仲介者 |
		第2のアクター：リードユーザー	第3のアクター：一般ユーザー	
商品	商品を通じてユーザーに価値を提供し，対価を得ることで，利潤を上げる。	該当ナシ	企業が提供する商品価値に対価を払って，入手する。	該当ナシ
イノベーション	ユーザーからイノベーションを入手し，商業利用を通じて販売可能な商品を増やして利潤を上げる。	企業が必要としている商品情報（イノベーションの源泉，知財など）を提供して対価を得る。	該当ナシ	該当ナシ
商品とイノベーション	上記の全て	ユーザーイノベーションの成功報酬として商品取引毎にロイヤリティを受け取る。	企業が商業利用をしないコンテンツを応援し，先行予約をすることで企業リスクを軽減する。	イノベーション取引を活性化するために企業からプラットフォーム維持の対価をもらう。

出所：筆者作成。

企業とユーザー以外のアクター

　LEGO CUUSOOとleJOSの比較から，企業と一般ユーザー以外にリードユーザーと仲介者を含む4アクターの存在が確認できた（表4-4）。

　leJOSのケースでは，リードユーザーがプログラムを解析し，書き換えるという行動の後，その成果物は，ユーザー間で共有された。共有されるのがプログラムであることで，オンラインコミュニティのleJOSへ参加するのは，一般ユーザーではなく，リードユーザーが中心となっていた。プログラムの共有やコミュニティの維持に際して，既存のSNSで提供される一般的な機能が活用され，リードユーザー自らがオンラインコミュニティの運用を行った。仲介者の存在は確認されなかった。また，オンラインコミュニティの運用には企業の意向は反映されなかった。

　一方で，LEGO CUUSOOでは，オンラインプラットフォームは仲介者によって用意され，企業の参加が得られていた。このため，メカニズムの条件設

定は企業にとって望ましいものとなっていた。また，プラットフォームの開始時より，仲介者とリードユーザーに対する報酬の条件は合意済みであった。このように，オンラインプラットフォームに参加するアクターの報酬制度がサービス開始当初より整備されていたことと，仲介者の存在は無関係ではない。

　しかし，leJOSでは，リードユーザーと企業のみの参加が観察されたことから，企業，リードユーザー，一般ユーザー，仲介者の4アクター全員が揃わなくともオンライン上でのユーザー参加の継続が可能であると理解された。2つのケースから，ユーザー参加のプラットフォームが継続するためには，4アクター全員が揃う必要がないことが確認できた。

6　まとめ

　複数ケーススタディ手法を適用し，実際に起こったケースを探索し，比較した。観察結果を俯瞰することで，プラットフォームに参加するアクターの種類，それぞれのアクターが果たす役割や参加の際の動機を整理した。その上で，各アクター間に生じるやり取りにも注目し分析を加えることで，同一の企業とユーザーの間であっても，メカニズムの設定条件の差によって異なる相互関係が生じることを発見した。さらに，企業の観点からの考察を加えることで，選択するメカニズムの種類だけでなく，閾値の条件設定によっても，企業には異なる意味合いが生じることを確認することができた。

　上記の分析から得られた理解を用いて，ユーザー参加のオンラインプラットフォームで生じるアクター間の相互作用を，一般的な取引の概念を用いて説明した。取引の概念をもって，企業とユーザー間の相互作用を整理することで，企業とリードユーザーの間には，一般的に知られる商品の取引に加えて，ユーザーイノベーションの取引が生じていることも明らかにした（図4-6）。

　ユーザー参加のオンラインプラットフォーム上で生じるアクター間の相互作用を取引として整理した結果，以下の点が明らかとなった。

図4-6　マーケットメカニズムを用いたオンラインプラットフォーム上の相互作用理解

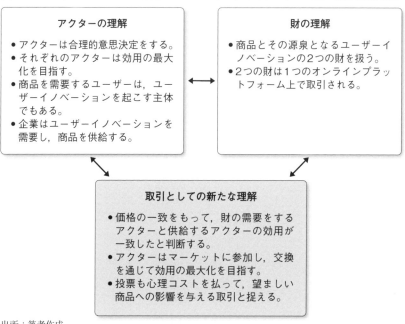

アクターの理解
- アクターは合理的意思決定をする。
- それぞれのアクターは効用の最大化を目指す。
- 商品を需要するユーザーは，ユーザーイノベーションを起こす主体でもある。
- 企業はユーザーイノベーションを需要し，商品を供給する。

財の理解
- 商品とその源泉となるユーザーイノベーションの2つの財を扱う。
- 2つの財は1つのオンラインプラットフォーム上で取引される。

取引としての新たな理解
- 価格の一致をもって，財の需要をするアクターと供給するアクターの効用が一致したと判断する。
- アクターはマーケットに参加し，交換を通じて効用の最大化を目指す。
- 投票も心理コストを払って，望ましい商品への影響を与える取引と捉える。

出所：筆者作成。

- オンラインプラットフォームには，リードユーザーと企業に加えて，一般ユーザー，仲介者を含む4アクターが存在する。

- オンラインプラットフォーム上での企業とユーザー間の相互作用は，取引の考え方で説明ができる。商品以外に，リードユーザーによるユーザーイノベーションも企業とユーザー間取引の対象となる。

- 企業は，自らの効用を満たすために，戦略的にオンラインプラットフォーム上の条件設定を行うことができる。商業利用の意思決定を下すのに必要な投票数の閾値や，市場性の高いユーザーイノベーションを志向させるリードユーザー向けの報酬制度の金額などが対象として考えられる。

第5章
一般化：アクター相互間メカニズムのモデル化

第5章の要旨

　本章では，ケース分析で観察されたアクター間の相互作用を数理モデルとして示す。具体的には，既存のマーケットマイクロストラクチャー理論の考え方を中心に据えながら，取引する主体者と取引する財を定義した。

　取引に参加するアクターとして，企業，リードユーザー，一般ユーザー，仲介者の4者を定義した。財として，商品の源泉となるユーザーイノベーションと，企業が製造する商品の2つを特定した。その上で，企業とユーザーを含むアクターがそれぞれの効用の最大化を目指して合理的な決断を下した結果生じるやり取りを，取引のメカニズムとして表現した。

　最終的には，マーケットマイクロストラクチャーのフレームワークを用いて，各アクターの効用関数と取引される財を定式化したうえで，「ユーザーイノベーションの取引モデル」として提示した。

1　モデルの検討

　この章では，4章の分析から得られたアクター間の相互作用に関する知見をもとに，ユーザー参加型オンラインプラットフォームの商業利用メカニズムのモデル化を図る。観察された企業，リードユーザー，一般ユーザーに仲介者を加えた4アクターの効用を定式化し，それぞれが効用を最大化する過程で生じる相互作用の帰結として，商業利用が起こるメカニズムの解明を目指す。

　ケースで観察された現象を，モデルとして的確に表現するために，イノベーションの発現を説明する既存モデルに加えて，商業利用に関係する既存モデルを対象に検討を行った（表5-1）。

表5-1　本研究で採用するモデルと既存モデルとの比較

		本研究の対象						モデルの特徴	本研究との関連
		参加アクター				財			
		企業	リードユーザー	一般ユーザー	仲介者	イノベーション	商品		
既存モデル	オープンイノベーション	●	●			●		●企業外からイノベーションを採用する考え方を理論化	●インバウンド型のオープンイノベーションの考え方を継承
	コ・クリエーション	●	●	●		●	●	●企業とユーザーの相互作用をモデルで説明	●企業とユーザーの相互作用の考え方を継承
	アクターモデル	●	●		●	●		●イノベーションのプラットフォームにおいて仲介者の存在を認識	●一般ユーザーと企業間に仲介者が存在するという考え方を継承
	ユーザーイノベーション		●			●		●リードユーザーの意思決定メカニズムを説明	●リードユーザーがイノベーションを起こすという理論を継承
	クラウドファンディング		●	●		●	●	●開発前商品に対する購入意思表示のメカニズムの指摘	●開発前に一般ユーザーが購入意思を表明する考え方を継承
	クラウドソーシング	●	●					●企業からオペレーションがユーザーにソーシングされる点を説明	●企業がユーザーのリソースを活用する考え方を継承
	ユーザー起動型ビジネスモデル（UD法）	●	●	●		●	●	●イノベーションの投稿と一般ユーザーの投票メカニズムを説明	●リードユーザーと一般ユーザーが商業化に参加する考え方を継承
	マーケットマイクロストラクチャー	●		●	●		●	●仲介者を含む企業とユーザー間の商品取引メカニズムが表現可能	●商品取引のモデルとして継承
	応用マーケットマイクロストラクチャー（本研究で採用）	●	●	●	●	●	●	●全てのアクターと全ての財を網羅することができる（4アクター2財の取引モデル）	●本研究での採用モデル（ユーザーイノベーションの取引モデル） ●ユーザーイノベーションへの応用に新規性

出所：筆者作成。

まず，イノベーションの発現に関する既存モデルとして，オープンイノベーション（例えばChesbrough, 2003），コ・クリエーション（例えばPrahalad and Ramaswamy, 2004a, 2004b），アクターモデル（西山・藤川，2016），ユーザーイノベーション（例えばvon Hippel, 1976, 1986；Bogers et al., 2010など）を対象に比較検討を行った。

　次に，商業利用に関係する既存モデルとして，ユーザー起動型ビジネスモデル（UD法）（Ogawa and Piller, 2006），クラウドファンディング（例えばMeyskens and Bird, 2015；Mollic, 2013），クラウドソーシング（例えばHowe, 2006；Brabham, 2008），マーケットマイクロストラクチャー（例えばO' Hara, 1995；Spulber, 1996b, 1999；Choi, et al., 1997）を対象に比較検討を行った。

　追加的に，オンラインプラットフォームに関するモデルや，（例えばEisenman, Parker, van Alstyne, 2006, 2011），投票に関するモデルとして，アイデアをスクリーニングする手法としての分散型投票方式（distributed voting scheme）（例えばOnarheim and Christensen, 2012）も参照した。

　ケース分析では，アクター4者が参加し，企業から消費者へ商品が供給される取引と，リードユーザーから企業へユーザーイノベーションが供給される取引の2つが観察され，この全ての要素を網羅できることから，マーケットマイクロストラクチャーを採用することとした。また，仲介者の存在を前提としていることや，メカニズムの調整の結果，市場の均衡がどのようにもたらされるのかを分析するのに適しているとされている点も評価した。

　4章のケース分析から，仲介者が不在でも継続的にプラットフォームの参加が生じることがわかっている。このことから，オンラインプラットフォームには，アクターと財の組み合わせによって取引のモデルが複数バリエーションとして存在する可能性が示唆される。本研究では，観察されるアクターと財が全て存在する4アクター2財の取引モデルとして定式化を進めていく。この取引モデルでは，4アクター間で商品とユーザーイノベーションの2財が取引される（図5-1）。

図5-1 「ユーザーイノベーションの取引モデル」のパターン

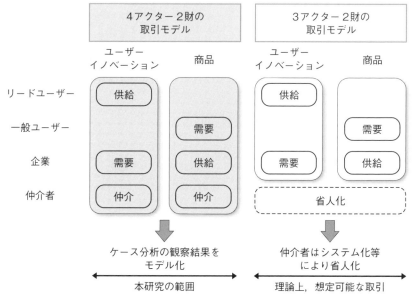

出所：筆者作成。

2 財の整理

　企業がユーザーの欲する商品を供給しない場合，一部のユーザーがリードユーザーとしてイノベーションを起こし，商品プロトタイプ（product prototype）を自ら供給することで自らのニーズを満たして効用を得ることを von Hippel (1988) は明らかにした。一方，企業はユーザーに対して商品を供給することで利益を最大化する誘因を持つ。企業自身でイノベーションを起こさせない場合，企業はイノベーションの源泉となりうる新しい製品アイデアの調達予算を用意する合理性を有している。いわば，イノベーションの源泉をリードユーザーから受けることで，消費者余剰を企業利益に導く商品を開発・販売することが期待できれば，企業はユーザーイノベーションに対価を支払う動機を有している。前章のケース分析で確認されたように，企業はユーザーイノベーション使用の対価としてロイヤリティを支払うルールをリードユーザ

ーに提示し，実際に複数の取引が行われたことから，リードユーザーもその取引に応じるインセンティブを有していることが確認されている。このようにリードユーザーと企業の間には，「新商品の源泉となるユーザーイノベーション」と，「企業によって生産される商品」の2種類の取引があり，それらを区別し，ユーザーと企業の間で取引される異なる2つの財の定義を行うことから定式化を開始する。

2.1 第1の財：ユーザーイノベーション*f*

リードユーザーによって提案される商業利用の源泉となるアイデアなどをユーザーイノベーションと呼ぶことにし，*f*と定義する。ユーザーイノベーション*f*は複数要素の組み合わせで成立している。商品のテーマとなるコンテンツ（場合によっては使用許諾ライセンス），デザイン性，用途，サイズなどが該当する。これらはユーザーイノベーションの仕様として表現する。ユーザーイノベーションはコンテンツに関する属性*f*を持つものとする。それぞれのユーザーイノベーションに添字をつけ，属性をf_1として表す。また，コンテンツ属性*f*は，全てのコンテンツ属性を表す集合*F*の要素とする。

$$f \in F \equiv \left\{ f_1, f_2 \cdots \right\} \tag{1}$$

ここでいう*f*とはイノベーションの源泉であり，商業利用される対象である。この情報をもとに一般ユーザーがプラットフォーム上で投票を判断できるように，一般ユーザーが投票を選好するのに十分な情報量を有している。企業が商業利用を判断するのに必要な条件を満たす一方で，具体的な商品の属性はまだ与えられていない[1]。具体的にコンテンツ属性として表される*f*は特徴

1　例えば，LEGOのケースにおいては，セットに含まれるLEGOブロック数なども定量化できる商品仕様となる。コンテンツの属性の事例としてはMinecraft，はやぶさ，*Back to the Future*などの原作や実物の商品が該当する。他のコンテンツ属性として，特殊な仕様につながる商品コンセプトがコンテンツ属性を構成しうる。このモデルにおいてコンテンツ属性はユーザーが購入を決定する重要な差別化要因として商品仕様とは区別して捉える。

のある商品コンセプトに加えて，ゲームタイトルやアニメ，映画といったテーマなど，定性的な属性を表すものとする。コンテンツ属性の集合であるFは，無限集合である。

2.2 第2の財：商品（f, e）

ユーザーイノベーションの商業利用プロジェクトにおいて，リードユーザーによって提案されたユーザーイノベーションfは企業によって商品（f, e）として商業利用され，一般ユーザーによって消費される。fを具体化する仕様に関する属性をeと定義し，それらの組として具体的な商品を（f, e）と記述する。eは以下のようにベクトルで表現する。

$$\mathrm{e} = (e_1, e_2 \cdots e_{\bar{l}}) \in E \equiv [0, 1]^{\bar{l}} \tag{2}$$

各要素のe_l（$l = 1, 2, \cdots, \bar{l}$）は$e_l \in [0,1]$の実数値であり，部品点数やサイズなどの数値として表現可能な定量的パラメーターを，$[0, 1]$の範囲に正規化したものと定義する。このeが後に述べる生産コストに影響を及ぼす。

なお，定式化において，（f, e）$\in F \times E$によって具体的に取引される1つの商品を表しており，定式化においては，企業が商品化できるのは1種類の商品と仮定する。

3 アクターの整理

ケース分析から，ユーザーイノベーションの商業利用を目的とするオンラインプラットフォーム上では，第1のアクターとしての企業，第2のアクターとしてのリードユーザー，第3のアクターとしての一般ユーザーに加え，第4のアクターとしてのプラットフォームを運用する仲介者の4者が主たるアクターである。

企業の集合をM，仲介者の集合をIとする。仲介者はユーザーイノベーションの取引制度や規制の枠組みを決める役割を担うものとする。企業，仲介

者は，プラットフォームにそれぞれ1アクター存在するものとし，複数主体間での競争は生じないものとする。

ユーザーはリードユーザーと一般ユーザーを区別して扱う。それぞれ，リードユーザーの集合をS，一般ユーザーの集合をTとする。

$$S = \{n_1, n_2, \cdots\}$$
$$T = \{m_1, m_2, \cdots\} \tag{3}$$

両ユーザーを合わせたユーザー全体の集合をUと表記する。

$$U = S \cup T \tag{4}$$

リードユーザーSは消費をするが，全ての一般ユーザーTがイノベーションを起こすわけではない。ここでは，単純化のため，ユーザーイノベーションを起こせるのはリードユーザーSに限り，リードユーザーSは消費を行わないものと仮定する。

4　アクターの効用関数

全てのアクターはそれぞれの効用の最大化を目指して取引に参加すると仮定することで行動の背景に合理的意思決定が存在すると考えることができる。

以下にアクター毎の効用を整理して述べる。本研究で扱う効用はΠで表す。各効用Πに添字をつけ属性を区別する。それぞれのアクターの効用を企業効用Π^M，リードユーザー効用Π^S，一般ユーザー効用Π^T，仲介者効用Π^Iとして表す。

4.1 第1のアクター：企業Mの効用関数

企業Mの効用関数は以下のように定義される。

$$\Pi^M = \begin{cases} pQ_{(f,e)} - c^M\left(Q_{(f,e)} \mid (f,e)\right) - L & （商品化した場合） \\ 0 & （商品化しない場合） \end{cases} \tag{5}$$

また，$Q_{(f,e)}$の内訳として，投票や予約がなされずに，商品化後に購入された数を$Q_{(f,e),1}$，予約かつ購入された数を$Q_{(f,e),2}$，投票したが予約せずに購入された数を$Q_{(f,e),3}$，投票のみの数を$Q_{(f,e),4}$，予約のみの数を$Q_{(f,e),5}$，投票と予約のみの数を$Q_{(f,e),6}$とする。

ここで，pは商品（f,e）の価格，$Q_{(f,e)}$は潜在的な販売数を示唆する投票，予約を含む販売数量，$c^M\left(Q_{(f,e)} \mid (f,e)\right)$は（$f,e$）の商品を生産する場合の可変コスト，$L$はライセンス料を表す。なお，$c^M\left(Q_{(f,e)} \mid (f,e)\right)$は，製品属性に関する（$f,e$）の値と販売数量$Q_{(f,e)}$に依存して変わる。

$$Q_{(f,e)} = Q_{(f,e),1} + Q_{(f,e),2} + Q_{(f,e),3} + Q_{(f,e),4} + Q_{(f,e),5} + Q_{(f,e),6} \tag{6}$$

この時，オンラインプラットフォーム上での予約のプロセスによって，$Q_{(f,e),2} + Q_{(f,e),3}$の値を知ることができるため，以下のように製品化の前に損益分岐を事前に判断でき，商業利用をするかどうかの意思決定を適切に行うことができる。

$$\Omega\left(pQ_{(f,e),2} + pQ_{(f,e),3}\right) \lesseqgtr （損益分岐点） \tag{7}$$

ここで，Ωは取得できたユーザーイノベーションを商業利用することで収益化できる料率を表す。

4.2 第2のアクター：リードユーザーSの効用関数

リードユーザーSは，ユーザーイノベーションfを生み出すケイパビリティ
を有している限りにおいて企業Mが商品（f, e）の供給を行わない場合，ニーズを満たすためにイノベーションfを用いて商品プロトタイプを自ら供給することで効用を満たす合理性を有している[2]。自らニーズを解決するために
開発したプロトタイプによる効用$\Pi^{S.1}$に加えてリードユーザーSはユーザー
イノベーションfを企業Mに提供することで得ることができる効用$\Pi^{S.2}$を有
している。ユーザーイノベーションfの売却で得られる効用$\Pi^{S.2}$は問題解決
によって得られる効用$\Pi^{S.1}$とは異なる効用である。

$$\Pi^S = : (\Pi^{S.1} + \Pi^{S.2}) \tag{8}$$

リードユーザーSはユーザーイノベーション取引を通してライセンス料L^S
を得て，効用$\Pi^{S.2}$を増やすことができる。この際必要となるコストc_jが企業
Mに売り込むコストである。リードユーザーSの効用関数$\Pi^{S.2}$は以下のとお
りである。

$$\Pi^{S.2} = \begin{cases} L^S - c_j & \text{（商業利用された場合）} \\ - c_j & \text{（提案したが商業利用されなかった場合）} \\ 0 & \text{（提案しなかった場合）} \end{cases} \tag{9}$$

4.3 第3のアクター：一般ユーザーTの効用関数

消費を行う一般ユーザーTはニーズを満たす商品（f, e）を購入すること
で効用Π^Tを得る。一般ユーザーTは，商業利用される前のイノベーションf
に対しても留保価格（reservation price）rを持つ。商業利用前のイノベーシ

2　本モデルではユーザーが効用を満たすためのパターンとして，消費を行う意思決定に加
えて，ユーザーイノベーションを提供する意思決定と，投票・予約を通じて最終商品の
仕様決定に参加する意思決定を区別して表現する。また，消費する商品が存在しない場
合にユーザー自らイノベーションを起こして問題解決を行うリードユーザーSと，消費を
することでニーズを満たす一般ユーザーTを区別し，アクター毎の効用を区別する。

ョンの価値は，仕様属性 e よりも，主にコンテンツ属性 f によるところが多いと仮定する。留保価格 r_i は投票・予約時に企業に対して留保価格 r_i として提示される。留保価格 r_i は一般ユーザー毎に異なる。

$$r_i \equiv r_i \left\{ f_1, f_2, \cdots \right\} \tag{10}$$

一般ユーザー $i \in T$ は，ユーザーイノベーション f_i の投票に参加するだけでなく，望ましい商品案が最終的に商業利用されるように，インターネット上でユーザーの参加を促すためのコメントや，SNSにおける呼びかけを行う。一般ユーザー $i \in T$ はこの際必要となるコスト c_i を負担し，企業 M が商品の供給を行わない場合でもニーズを満たすためにユーザーイノベーション f_i の投票に参加する合理性を有している。

商業利用される前のユーザーイノベーション f_i に対して，一般ユーザー $i \in T$ は予約を行うことができる。最終的に商業利用される商品（e_i, f_i）の選択プロセスに影響を与えることができることから，予約を通じても一般ユーザー T は間接的に効用を得られる。一般ユーザー $i \in T$ は，企業が商品の供給を行わない場合でも選択プロセスに影響を与えるニーズを満たすために商品（e_i, f_i）の予約に参加する合理性を有している。一般ユーザー $i \in T$ はこの際必要となる SNS における呼びかけなどに係るコスト c_i を負担する。ここでは便宜的に一般ユーザー $i \in T$ の投票に係るコスト c_i^f と予約に係るコスト $c_i^{(f, e)}$ とを区別して表記する。

一般ユーザー $i \in T$ の効用関数は以下のように定式化される。

$$\Pi^T = \begin{cases} r_i(e_i, f_i) + r_i(f_i) + v(Q_{(f,e),3} + Q_{(f,e),4}) - p_i - c_i^f & \text{(投票, 購入の場合)} \\[4pt] r_i(e_i, f_i) + r_i(f_i) - p_i - c_i^{(f,e)} & \text{(予約, 購入の場合)} \\[4pt] r_i(e_i, f_i) + r_i(f_i) + v(Q_{(f,e),3} + Q_{(f,e),4}) - p_i - c_i^f - c_i^{(f,e)} & \\[2pt] & \text{(投票, 予約, 購入の場合)} \\[4pt] v(Q_{(f,e),4}) - c_i^f & \text{(投票の場合)} \\[4pt] r_i(f_i) - c_i^{(f,e)} & \text{(予約の場合)} \\[4pt] r_i(e_i, f_i) - p_i & \text{(購入の場合)} \\[4pt] v(Q_{(f,e),3} + Q_{(f,e),4}) - c_i^f - c_i^{(f,e)} & \text{(投票, 予約の場合)} \\[4pt] 0 & \text{(投票, 予約, 購入しない場合)} \end{cases} \quad (11)$$

ここで，p_i は 商品 (e_i, f_i) に支払う対価を表す。$v(\bullet)$ はネットワーク外部性の効果を表す。ネットワーク外部性 $v(\bullet)$ は投票数の単調増加関数とする。

4.4 第4のアクター：仲介者 I の効用関数

仲介者 I の効用は利益の最大化である。仲介者 I は利益の追求として商業利用プロジェクトの成功と，プラットフォームの継続を目指す。仲介者 I の効用関数は以下のように定式化される。

$$\Pi^I =: L^I - c^I \quad (12)$$

仲介者 I はユーザー U と企業 M が参加する商業利用のためのプラットフォームを通じてサービスを提供するために固定費 c^I が必要となる。

仲介者 I は，自らのコストを意識しながらユーザーイノベーションの取引の活性化を通じて価値を生み，対価を受け取る。このことから，仲介者 I は，イノベーションの発現に参加するアクターの行動を促進することによって，企業 M の利益のみならず，リードユーザー S，一般ユーザー T を含む全てのユーザーの効用を増加させ，その報酬の配分のマネジメントを行っていると考えることができる。

ここで，a^I は企業 M が仲介者 I に支払うロイヤリティの料率を意味する。

ケースでは，料率の決定権は仲介者Iにあったが，企業Mも料率を決定できるものと仮定する。

報酬は企業M，リードユーザーS，仲介者Iの3アクター間で配分される。配分率aは，アクター間の配分率を表す。

$$a = \begin{cases} a^M & \text{（企業Mへの報酬配分率）} \\ a^S & \text{（リードユーザーSへの報酬配分率）} \\ a^I & \text{（仲介者Iへの報酬配分率）} \end{cases} \tag{13}$$

企業Mは，売上を原資とする報酬可能総額から，リードユーザーSと仲介者Iの報酬を配分する。分配可能な総報酬額は全額分配される。

$$a^M + a^S + a^I = 1 \tag{14}$$

リードユーザーSや仲介者Iの報酬配分率aの合計が1を超える場合は企業は商品化を決定しない。

ここで，ライセンス料 L^I は企業Mが仲介者Iに支払う報酬である。ライセンス料 L^S はユーザーイノベーションを起こしたリードユーザーSに支払う報酬である。ライセンス料$\bar{L}(f)$ はリードユーザー以外にコンテンツfに著作権者等が存在する場合に支払う報酬である[3]。リードユーザーS以外にコンテンツfが存在しない場合は$\bar{L}(f) = 0$ となる。この際支払われるフィーは，ライセンス料Lとして表す。ライセンス料Lはコンテンツ属性によって決定される。

$$L = L^I + L^S + \bar{L}(f) \tag{15}$$

仲介者Iが企業Mから受け取るライセンス料L^Iには次の4タイプの報酬プランが考えられる。

3　商業利用された場合のみ，コンテンツfに対するライセンス料$\bar{L}(f)$ が支払われる。

タイプ1（商品（f, e）の販売成績に対するロイヤリティ）

商品（f, e）の売上に応じてライセンス料が支払われる。以下のように定式化される。

$$L_1^I = \begin{cases} (a_1^I p(Q_{(f,e),1} + Q_{(f,e),2} + Q_{(f,e),3}) & \text{（商業利用した場合）} \\ 0 & \text{（商業利用しない場合）} \end{cases} \quad (16)$$

タイプ2（ユーザーイノベーションfへの予約数に対するロイヤリティ）

ユーザーイノベーションfがプラットフォーム上で集めた予約数に応じてライセンス料が支払われる。以下のように定式化される。

$$L_2^I = \begin{cases} a_2^I p Q_{(f,e),2} & \text{（商業利用した場合）} \\ 0 & \text{（商業利用しない場合）} \end{cases} \quad (17)$$

ユーザーイノベーションfは，予約段階では，商業利用がなされるかどうかが確定していないために，ロイヤリティの支払いは商業利用が決定するまで実施されない。商業利用されなかった場合，ロイヤリティは支払われない。

ここでは，この料率の決定権は仲介者Iにあるとする。タイプ2のロイヤリティは，予約を通じたマーケティングに対する成功報酬と考えられ，商業利用された後の販売成績の成否とは連動しない。

タイプ3（ユーザーイノベーションfへの投票に対するロイヤリティ）

ユーザーイノベーションfがプラットフォーム上で集めた投票数に応じてライセンス料が支払われる。以下のように定式化される。

$$L_3^I = \begin{cases} a_3^I \, pQ_{(f.e).3} & \text{(商業利用した場合)} \\ 0 & \text{(商業利用しない場合)} \end{cases} \quad (18)$$

　タイプ2の契約スキーム同様，ユーザーイノベーションfに対する，ロイヤリティの支払いは商業利用が決定するまで実施されない。商業利用されなかった場合，ロイヤリティは支払われない。

　ここでは，この料率の決定権は仲介者Iにあるとする。タイプ3のロイヤリティは，投票を通じたマーケティングに対する成功報酬であり，商業利用された後の販売成績の成否とは連動しない。

タイプ4（リテイナーフィー）

　プラットフォームの運用に対して支払われる。フィーの額は，投票・予約や売上とは連動せず，固定額で定期的に支払われる。契約期間毎に更新され，金額が都度変更される。ここでd^Iはプラットフォームの運用に対して支払われるフィーの額である。

$$L_4^I = d^I \quad (19)$$

　仲介者Iが受け取れる報酬は，いずれかのタイプ単体で設定されることもあるが，組み合わせとして構成されることもある。[4]

5　ユーザー参加型オンラインプラットフォーム上での取引のモデル化

　前章におけるケース分析から，企業とユーザーとの間には，商品企画の源

4　4タイプの報酬プランの組み合わせは，理論上15通り存在する。15通りの組み合わせは，$_4C_1 + _4C_2 + _4C_3 + _4C_4 = 15$のバリエーションを取りうる。4タイプの中で，1つのみの場合から，全てのタイプを組み合わせる場合が存在する。

泉となるユーザーイノベーションに関する取引関係が存在することが確認された。ユーザーイノベーションの商業利用という現象を，ユーザーと企業間のイノベーション取引として定義する。この場合，取引が成立するということは，ユーザーと企業の利害が価格において一致したと理解することができる[5]。

5.1　ユーザーイノベーション f の取引

リードユーザー S は商業利用を前提としたユーザーイノベーション f をオンラインプラットフォームに投稿することができる。投稿できるユーザーイノベーション f には上限は存在しない。これらはプラットフォームにおいて一覧表示され，一般ユーザー T が投票を通じて選好表明を行うことが可能な状態となる。

一般ユーザー T は商業利用を望むユーザーイノベーション f の中から購入意思の表明として投票を通じて選好表明を行う[6]。投票は無料である。一方でユーザー規約により，一般ユーザー T は投票時に商業利用に影響を与える権利を受ける代わりに，ユーザー自身の属性並びに連絡先を企業 M が使用する権利を仲介者 I に付与する。この許諾はユーザー規約に合意する時点で成立する。

一連の投票を通じた選好表明に係る費用をコスト c として表現する。これらのコスト c にはメンタルなコストなどが挙げられる。商業利用を望むものがなかった場合は，選好表明を行わない。一般ユーザー T による選好状況は全てのアクターに公開される。

一般ユーザー T が投票を通じてユーザーイノベーション f に対する選好表

5　ユーザーイノベーションの取引の集合は市場の形成を示唆し，イノベーションの売り手としてのリードユーザーと買い手としての企業が参加する市場構造を現す。

6　消費者は消費をするに際して，予算に制約があると考えられる。一方，消費者は収入を得ることで，さらなる消費に充てる原資を補充することができる。このように消費者による需要は恒常的に存在すると考えることができる。しかし，本モデルにおいては，モデルを簡略化するためにあえて消費をする一般ユーザー T には予算を持たせていない。関連する議論として，仮に消費に充てる予算に上限があったとしても消費者は支出を伴わない購入意思表示としての選好や予約を上限なく行うことができるという考え方がある。しかしここではモデルを簡略化するためにあえて1人の一般ユーザー i は1回選好を行うものとする。

明を行った累計数があらかじめ決められた条件である閾値 σ を上回った場合，仲介者 I は企業 M に対して，プラットフォームを通じて，ユーザーイノベーション f の取引を持ちかける。合意に達した場合，取引が成立する。企業 M は商業利用によって得た利益を仲介者 I，コンテンツ f 保有者，リードユーザー S にライセンス料として支払う契約を締結する。

5.2 商品（f, e）の取引

　生産に必要な諸条件が調整できた場合，ユーザーイノベーション f は商品（f, e）として予約受け付けを開始する。一般ユーザー T は入手を望む商品（f, e）に対して予約を行う。入手を望むものがなかった場合は，予約を行わない。商品（f, e）に対する予約を行った累計数があらかじめ決められた条件である閾値 θ を上回った場合，企業 M は商業利用の検討を行う。一般ユーザー T は選好表明を行った商品（f, e）とは異なる商品（f, e）に対して予約することができる。

　企業 M は商品（f, e）の候補を全て商業利用することができる[7]。企業 M は望ましいものがなかった場合は，生産・販売を行わない。また，企業 M が商品（f, e）を商業利用した場合，一般ユーザー T は商品（f, e）を購入する。商業利用されなかった場合，一般ユーザー T は予約の有無によらず購入することはできない。

6　考察：取引成立のための条件

　以上，ユーザーイノベーションの商業利用を目的とするオンラインプラットフォーム上におけるアクター間の取引にかかわる相互作用を記述した。モデル化にあたり，前章で得られた観察結果を基に一般化した。ここでは，取引が成立するための条件をアクター毎に考えていく。

7　ここでは，商品（f, e）候補の中から1つだけ選択のうえ，生産・販売を行うものとする。

6.1 企業M

　一般に企業Mは自社内のリソースを用いて，商品企画を行う。企業が本モデルが対象とするプラットフォームに参加し，外部からイノベーションを得る時，社内よりも低コストで，かつ，事業性の高い商品化ができることが条件となる。すなわち，従来のイノベーションの商業利用にかかるコストを$\bar{c}$とすれば，

$$\bar{c} > c_{(f, e)}^M - L \tag{20}$$

でなければならない。また，(26) 式を満たす一般ユーザーの数をNとすれば，

$$N = ||i \in T \mid r_i(f) + v(Q_{(f, e)}) - p - c_i^f - c_i^{(f, e)} > 0|| \tag{21}$$

と定式化でき，従来の商業利用によって得られる商品の販売数を$\bar{N}$とすれば，

$$\bar{N} < N \tag{22}$$

を条件として書くことができる。

　また，企業Mの利益が正である条件から，

$$p Q_{(f, e)} - c^M(Q_{(f, e)} \mid (f, e)) - L > 0 \tag{23}$$

でなければならない。従来型の企業内での商品企画には比較的高いコストがかかることを考えれば，オンラインプラットフォームによって，容易に多くのNが獲得できると，ライセンス料Lが比較的高くても商品化が成立する可能性が示唆される。

　さらに，(7) 式で示したとおり，商品化することで収益化できる料率Ωが

事前に把握できているならば，予約が入った時点で売り上げの見込みが立つため，従来の商品開発プロセスで行われる商品企画の商業利用と異なり，大きなリスクを取らずとも取引を成立させることができる。

　一般ユーザーTによる投票を通じた選好表明の件数$Q_{(f, e), 3}$は企業Mにとって，潜在市場の大きさを意味する。fはイノベーションの源泉であり，商品化される対象であるが，その全体を表す集合Fは無限集合であり，企業Mは予算が限られているため，集合の中から最も条件のよいものを選択する合理性を有することになる。仮に，企業Mにとって，商品（f, e）に対するユーザーの留保価格$r（f, e）$が明らかとなっていない場合であっても，選好表明の件数$Q_{(f, e), 3}$が増えることは，ユーザーイノベーションfの選択肢が最大化され，それぞれの潜在市場が投票によって最大化されることにつながるため，企業Mの商業利用の意思決定に資する。

6.2　リードユーザーS

　リードユーザーjが，新しいアイデアを投稿するためには，（8）式と（9）式から，少なくとも以下の条件が必要である。

$$\Pi_j^S = \Pi_j^{S, 1} + L^S - c_j > 0 \tag{24}$$

　ただし，商用利用のためのオンラインプラットフォームがなかったとしても，従来，リードユーザーが種々のコミュニティーサイトなどで投稿している事実を考慮すれば，$\Pi_j^{S, 1} - c_j > 0$となるリードユーザーjは，少なからず一定数存在するため，

$$L^S > 0 \tag{25}$$

さえ満たせばよく，リードユーザーに支払うライセンス料は非常に小さな額であっても取引が成立する可能性がある。しかし，リードユーザー毎に$\Pi_j^{S, 1}$やc_jが異なる値を持っていることを考えれば，L^Sを大きくすることで，より多くのリードユーザーによる投稿が期待でき，多様なアイデアが提出さ

れ，ユーザーイノベーションは活性化される。また，最終的に商品化によって企業が利益をあげる可能性も高まる。

6.3 一般ユーザー T

一般ユーザー i が投票を通じて選好表明し，予約し，購入するための条件は，

$$r_i(f) + v(Q_{(f, e)}) - p - c_i^f - c_i^{(f, e)} > 0 \tag{26}$$

である。しかし，このパラメーターの多くは一般ユーザーに固有のものであり，また，$v(\bullet)$ はネットワーク外部性の効果を表す項であり，一般ユーザー間のフィードバックであることから，他のアクターが上式を常に満たすように意思決定することは容易ではない。

6.4 仲介者 I

仲介者 I は，企業 M から得られるライセンス料（オンラインプラットフォーム利用料金）が，プラットフォーム構築にかかるコストを上回ればよいため，以下の条件となる。

$$\Pi^I = L^I - c^I > 0 \quad \Leftrightarrow \quad L^I > c^I \tag{27}$$

7 まとめ

この章では，マーケットマイクロストラクチャーの考え方を通じて，既存研究から得られたアクターの理解に加えて，ユーザーイノベーションを財として認識することで，リードユーザーが生み出すユーザーイノベーションを商業利用する権利を需要する企業と，それを供給するリードユーザーの相互作用がより具体的に理解できるようになった。

アクターに関しては，効用の概念を用いて，ユーザーイノベーションの商業利用によって利益の最大化を図る企業，自ら生み出したイノベーション取引から得られる利益の最大化を図るリードユーザー，望ましい商品の入手を願う一般ユーザー，アクター間で取引手数料の最大化を目指す仲介者の4アクターを一定の戦略を遂行する意思決定主体者として捉えた。

　財に関しては，商品と，ユーザーイノベーションの2つが取引の対象として存在していることを示した。商品を供給する企業と，それを購入する一般ユーザー間の相互作用を「商品取引」とし，それに加えて，ユーザーイノベーションを商業利用する権利を供給するリードユーザーと，商品企画の源泉となるユーザーイノベーションを仕入れる企業が行うアクター間の相互作用を「ユーザーイノベーションの取引」として説明した。

　また，報酬制度の存在についても触れた。ユーザーイノベーションの商業利用によって商品化された商品の売上を原資に，企業が配分を前提とした報酬予算を設けることで，販売の成績に応じたロイヤリティを設定可能であることを説明した。

　以上，マーケットマイクロストラクチャーのフレームワークを用いて，各アクターの効用関数と取引される財を定式化したうえで，「ユーザーイノベーションの取引モデル」として提示した。

第6章
妥当性検証：ケースのモデルによる検証

第6章の要旨

　本章では，前章で提示した「ユーザーイノベーションの取引モデル」の妥当性を検証する。

　妥当性を検証するにあたり，当該モデルを用いたシミュレーションを通じて，異なる条件下での4アクター間の相互作用を再現する。具体的には，ケース毎に数値設定を行い，商品とユーザーイノベーションという2つの財の取引をモデルで再現し，企業，リードユーザー，一般ユーザー，仲介者の各アクターの利得を計算して求める。その上で，アクター全員の効用が最も高い値を示す取引の条件を，均衡解として導出する。最後に，導出された解をケース毎に実際に観察された内容と比較し，同様の結果が得られていることの確認を行う。

　ケース分析の観察結果とシミュレーションから得られた結果の示す内容の整合性の確認をもって，ユーザー参加型オンラインプラットフォームのメカニズムとしての「ユーザーイノベーション取引」が当該モデルで説明可能であることを判断する。

1　検証のアプローチ

　モデルの妥当性を検証するために，ケース分析で得られた知見とモデルから導出される均衡解の内容を比較検討するアプローチをとる。

　モデルの検証にあたり，取引に参加するそれぞれのアクターの意思決定の説明を，社会における複数主体がかかわる意思決定の問題を扱うゲーム理論（game theory）に求める。パラメーターの数値設定は，公開情報を参考に，実社会における企業が商品化を決定する基準として用いる損益分岐点や必要最低ロット数など一般的な基準を想定し，数値設定を行う。

　具体的には，まずケース分析で観察された事例をそれぞれモデル化する。次

に数値設定のうえ，それぞれのアクターが選択しうる「戦略（strategy）」を理論的に全て書き出す。最後に，全てのアクターの「戦略」の選択の結果である「利得（pay off）」が最大になるような帰結をケース毎に計算し，ナッシュ均衡を導出する。

オンラインプラットフォームに参加するアクターの相互作用によって生じるユーザーイノベーションの商業利用のメカニズムをモデルで説明できているかどうかは，理論的に導出された帰結と実際の社会で起こった観察結果を比較することで判断する。

2　検証の前提

ケースで観察されたリードユーザーによるユーザーイノベーションの投稿メカニズムと一般ユーザーによる投票メカニズムの2つのメカニズムを対象とする。

参加アクターは，企業，リードユーザー，一般ユーザー，そして，仲介者の4アクターに限定する。それぞれの参加アクターは取引を通じて相互の効用・利得の最大化を目指す合理的な意思決定を行うものとする。取引に参加するアクターは，選択肢の中からより望ましい条件を選好するものとする。

取引される財は，ユーザーイノベーションと商品の2種類とする。商品の価格は，投票，予約，購入の際に示される購入希望価格ないし，購入価格を用いる。ユーザーイノベーションの対価は，報酬として提示されるものとする。ユーザーイノベーションの取引時に示されるアクター間の報酬配分は，仲介者Iと企業Mのいずれかが行うものとする。

取引は，企業MとリードユーザーSの間のユーザーイノベーションの取引と，企業Mと一般ユーザーSの間で行われる商品の取引の2種類とする。双方が取引条件で一致を見た場合，取引が行われ，マッチングが成立する。取引が行われた際，それぞれのアクターは財と対価を交換する。

取引が成立するタイミングは，商品化検討や報酬の支払いの条件が満たされた時とする。全てのアクターは，オンラインプラットフォームに参加する

際に，締結したユーザー規約をもって，取引の条件に合意をしていると見な
す。

3　ケースの記述

　ケースで観察された内容をモデルとして定式化する。内容の記述は，まず
投稿と投票メカニズムの有無を確認したうえで，どのアクターがどのように
参加するのかを確認するところから始める。次に，数値設定の方針に基づき，
参加アクターの数と提案するユーザーイノベーションの数を設定する。利得
は，仲介者I，リードユーザーS，企業M，一般ユーザーTの順に記載する。
アクターが複数いる場合は，S_1, S_2といったように記載して区別する。今回
のケースでは，原則，各アクターの意思決定は同時手番とみなす。利得の書
き方については（I, S_1, S_2, M, T_1, T_2）に全て統一する。ケースによって仲
介者Iが登場しない場合は，利得を0と置いて（0, S_1, S_2, M, T_1, T_2）のよう
に記述する。企業によるメカニズムの導入の有無と，継続性を軸とする2×
2のマトリクスの象限毎にモデルを用意する（図6-1）。

図6-1　モデルを用いて記述するケース

継続性

		なし	あり
メカニズム	あり	ケース4： 企業主催型	ケース2： 自律調整型
	なし	ケース1： 社外発掘型	ケース3： 自然発生型

出所：筆者作成。

3.1 ケース1：社外発掘型（継続なし，メカニズムなし）

社外発掘型のケースで観察された内容を記述する。このケースでは，投稿と投票のいずれのメカニズムも採用されない。このケースには，1社の企業M，1人のリードユーザーSと2人の一般ユーザーTが参加するものとする。仲介者Iは，参加しない。各アクターは，それぞれの効用の最大化を目指し意思決定するものとする。

ここでは，リードユーザーSは，企業Mが市場で供給している商品（f, e）の一部を改変したユーザーイノベーションf_aとf_bについて企業Mと商業利用の契約を結ぶ。契約しても商業利用される見込みがない場合は，契約をしないこともできる。企業Mは，ユーザーイノベーションf_aとf_bを見て，どの選択肢を商業利用するかを決定する。ただし，望ましい案がない場合は，意思決定を見送ることもできる。

リードユーザーSは，自ら生み出したユーザーイノベーションf_aとf_bを反映した商品（f, e）を自ら在庫として持って一般ユーザーTに販売する。一般ユーザーT_1と一般ユーザーT_2は販売されている商品（f, e）から望ましいものを購入する。望ましい商品が見つからない場合は，購入をしない。ここでは商品（f, e）を複数購入できない。

投票を行うメカニズムはないため「ネットワーク外部性$v(\bullet)$」の効果は発生しない。

企業Mがユーザーイノベーションfの商業利用の意思決定を下した場合，リードユーザーSにユーザーイノベーションの使用許諾の対価として，ライセンス料L^Sを支払う。

利得は，（$0, S_1, S_2, M, T_1, T_2$）の順に記述される。本ケースでは，仲介者Iが不在のため，記述されない（図6-2：巻末）。

3.2 ケース2：自律調整型（継続あり，メカニズムあり）

次に，自律調整型のケースとして観察された内容を記述する。自律調整型ケースでは，投稿と投票メカニズムが存在する。ユーザーイノベーションfの商業利用を目的としたプラットフォーム上には，1社の企業M，2人のリードユーザーSと2人の一般ユーザーT，1社の仲介者Iが参加する。各アクタ

ーは，それぞれの効用の最大化を目指し意思決定するものとする。

まず，リードユーザー S は，ユーザーイノベーション f_a と f_b を投稿する。投稿しても商品化される見込みがない場合は，投稿をしないこともできる。一般ユーザー T_1 と一般ユーザー T_2 は提案されたユーザーイノベーション f に対して投票を行う。投票しても商品化される見込みがない場合は，投票をしないこともできる。複数の案には投票できない。投票数が閾値 σ を上回った場合，仲介者 I は，企業 M に商品化を提案する。企業 M は，投票結果を見て，ユーザーイノベーション f の選択肢から，どれを商品化するかを決定する。ただし，望ましい案がない場合は，商品化を見送ることもできる。

商品化が決定された場合，一般ユーザー T を対象に予約が開始される。一般ユーザー T_1 と一般ユーザー T_2 は，商品 (f, e) から望ましいものを予約する。予約をした場合は購入したものと見なす。望ましい商品が見つからない場合は，予約をしない。ここでは商品 (f, e) を複数予約できない。商品は，予約をしなかった一般ユーザー T にも，販売される。

商品化が決定された場合，企業 M は，商品化によって得た利益から，ユーザーイノベーション f の使用許諾の対価として，リードユーザー S にライセンス料 L^S を，仲介者 I に成功報酬として L^I を支払う。

利得は，$(I, S_1, S_2, M, T_1, T_2)$ の順に記述される（図6-3：巻末）。

3.3　ケース3：自然発生型（継続あり，メカニズムなし）

自然発生型のケースで観察された内容を記述する。このケースには，投稿メカニズムのみ存在する。メカニズムには，1社の企業 M，2人のリードユーザー S と2人の一般ユーザー T が参加している。仲介者 I は，参加しない。各アクターは，それぞれの効用の最大化を目指し意思決定するものとする。

ここでは，リードユーザー S は，企業 M が市場で供給している商品 (f, e) の一部を改変したユーザーイノベーション f_a と f_b を投稿する。投稿すると企業 M から投稿の取り下げを要求される恐れがある場合は，投稿をしないこともできる。企業 M は，ユーザーイノベーション f_a と f_b を探索し，商品 (f, e) の価値を損ねる恐れのあるユーザーイノベーション f に対してインターネット上での提供の中止を申し出ることができる。

商品（f, e）の一部を改変したユーザーイノベーションf_aとf_bは，オンラインプラットフォームを介して，一般ユーザーTに提供される。一般ユーザーT_1と一般ユーザーT_2は，ユーザーイノベーションf_aとf_bとともに販売されている商品（f, e）から望ましいものを購入する。望ましい商品が見つからない場合は，購入をしない。ここでは，商品（f, e）を複数購入できない。

このケースでは，企業Mは，リードユーザーSにユーザーイノベーションfの使用許諾の対価として，ライセンス料を支払わない。

利得は，（0, S_1, S_2, M, T_1, T_2）の順に記述される。本ケースでは，仲介者Iが不在のため，0として記述される（図6-4：巻末）。

3.4　ケース4：企業主催型（継続なし，メカニズムあり）

企業主催型のケースで観察された内容を記述する。企業Mが提供する商品化を目的としたプラットフォームには，投稿と投票メカニズムが存在する。参加するのは，企業M1社，2人のリードユーザーSと2人の一般ユーザーTである。仲介者Iは参加しない。各アクターは，それぞれの効用の最大化を目指し，意思決定するものとする。

まず，リードユーザーSは，ユーザーイノベーションf_aとf_bを企業Mに投稿する。投稿しても商品化される見込みがない場合は，投稿をしないこともできる。一般ユーザーTは，望ましい案に対して，投票を行う。一般ユーザーT_1と一般ユーザーT_2は提案されたユーザーイノベーションfに対して投票を行う。複数の案には投票できない。このケースでは，投票数の閾値σは1である。

企業Mは，商品選択肢（f, e）の中から投票が1票以上得られた場合，商品化を決定する。ただし，企業Mは，商品化を見送ることもできる。ここでは商品（f, e）を複数購入できない。

企業MはリードユーザーSにライセンス料L^Sを支払わない。

利得は，（0, S_1, S_2, M, T_1, T_2）の順に記述される。本ケースでは，仲介者Iが不在のため，0として記述される（図6-5：巻末）。

4 数値設定

ユーザーイノベーションの4アクター2財の取引モデルで数値設定が可能な
パラメーターは，費用C^M（i.e. 社内研究開発費用なども含む可変コスト），企
業Mが商業利用を決定する閾値σ（i.e. 損益分岐点，必要最低ロット数など），
商品単価p，リードユーザーSにとってのユーザーイノベーションの開発コス
トcj（時間，心理コストなど），一般ユーザーTにとっての留保価格rとネッ
トワーク外部性$v(\bullet)$である。

数値設定に際しては，それぞれのアクター間の関係性が数値間のバランス
を欠いたものとならぬように，幾度かの試行錯誤を経て，適切なバランスを
保つことができる数値設定を行った。

これらのパラメーターの数値設定を行うに際して，企業が公表しているア
ニュアルレポートなどの公開情報からBtoCのビジネスモデルを有する一般的
な製造業を想定した数値を設定し，できる限り標準的な数値設定を行った。

ケース毎のメカニズムをシミュレーションするに際し，抽象化された数値
設定であるため，絶対的な数値の大小には意味はなく，それぞれの値間の相
対的な関係性に整合性があり，かつケース分析で観察された現実が反映され
るように留意してある。

企業Mの効用$\Pi^M_{(f,e)}$は，以下のように定式化される。ここでは，投票数Q
$_{(f,e)}$が一般ユーザーTの50%に達した時点で企業Mは，商品化を決定するも
のとする。[1]

1　実社会における企業Mが商品化を決定する基準としては，損益分岐点や必要最低ロット
数などが用いられる。一般的には小売店における仕入れ原価は50%前後であることが知
られている。企業のビジネスモデルによって商品化を決定する基準は異なるが，予約を
受け付ける時の損益分岐点として，製造業における製造原価以上，小売店の仕入れ価格
以下で想定することで，一般的な商品化決定の基準とできると考えられる。ここでは50%
を標準的な製造原価と想定し，数値設定を行った。*LEGO Group Annual Report 2016*
に記載されてあるレゴ社のProduction Costは106億DKKであり，Revenue379億DKK
に占める割合は，28%であった。

$$\Pi_{(f,e)}^{M} = \begin{cases} p\,Q_{(f,e)}\,a^{M} - c_{(eh)}^{M} & (\text{社内研究開発を行う場合}) \\ p\,Q_{(f,e)}\,(1-a^{S}) - c_{(el)}^{M} & (\text{リードユーザーと報酬を分配する場合}) \quad (28) \\ p\,Q_{(f,e)}\,(1-a^{I}-a^{S}) - c_{(el)}^{M} & (\text{リードユーザーと仲介者で報酬を分配する場合}) \end{cases}$$

商品化に伴う費用は，以下のように定式化される[2]。$c_{(e)}^{M}$ において e の添字 h は原価が高い（high）を示す。原価の中には初期費用額等も反映されていると考える。添字 l（low）は低い原価を表す。

$$c_{(e)}^{M} = \begin{cases} c_{(eh)}^{M} = 10 & (\text{初期費用が高い場合}) \\ c_{(el)}^{M} = 5 & (\text{初期費用が低い場合}) \end{cases} \quad (29)$$

仲介者 I の効用 Π^{I} は，以下のように定式化される。

$$\Pi^{I} = 10Q_{(f,e)}\,a^{I} \quad (30)$$

リードユーザー S の効用 Π^{S}，は以下のように定式化される[3]。

$$\Pi^{S} = 10Q_{(f,e)}\,a^{S} - 2 \quad (31)$$

2　社内で商品開発を行う場合，研究開発費用等が商品開発時に初期費用として発生する。ここでいう初期費用には，金型代など以外に，権利処理，社内稟議などにかかる企画開発に必要となる人件費を含む。このため社内で開発する場合，商品開発に必要な初期費用がゼロになることはない。これらの初期費用は計画生産数等で割り戻され，原価と同時に変動費として計上されることが一般的である。初期費用が低いケースでは，主には，社内稟議などの基本的な人件費のみが発生することを想定する。初期費用がかさむケースとしては，それ以外に新規の金型代や，外部から権利を購入する必要がある場合を想定する。ここでも絶対的な値は意味を持たないが，値の相対的な大小の関係から，初期費用が高い場合（h）を10，低い場合（l）を5と設定した。

3　本来は，比較可能なものではないが，企業の研究開発コストに比べると，リードユーザー個人が負うコストは非常に小さいものとなることが一般的と考えられる。絶対的な値には，意味を持たないが，値の相対的な関係が重要であるので，値の大小関係から，研究開発コストを5，リードユーザーのコストを2と設定した。LEGOの場合，リードユーザーがイノベーションを生み出すのに必要となるコストは，ブロックの購入以外には，ユーザー自身の人件費であると考えられる。

一般ユーザーTの効用Π^Tは，以下のように定式化される[4]。

$$\Pi^T = r_i\,(f_i)\, +\, v\,(Q_{(f,\,e)}) - 10 \tag{32}$$

ネットワーク外部性$v\,(\bullet)$は，以下のように定式化される[5]。

$$v\,(\bullet) = 3\,(n-1) \tag{33}$$

$$v\,(\bullet) = \begin{cases} v\,(1) = 0 & （1人目のユーザーの場合） \\ v\,(2) = 3 & （2人目のユーザーの場合） \end{cases} \tag{34}$$

　一般ユーザーTにとってネットワーク外部性は投票によって生じるものとする。予約によるネットワーク外部性は生じないものとする。また，企業Mが社内でイノベーションを起こし商品化を行う場合も，ネットワークの外部性は生じないものとする。

　ユーザーイノベーションf_aとf_bに対して，一般ユーザーTはそれぞれに異なる留保価格$r_{(f,\,e)}$を持つものとする。ここでは，ユーザーT_1，T_2毎に留保価格の数値設定を行う[6]。

4　商品の小売価格は，企業が製造し販売する際に必要とする費用に利益を加えたものであると考えられる。企業のコストに関する数値設定とのバランスを鑑みて，一般ユーザーが購入時に支払う対価を10と設定した。ここで10という絶対的な値は意味を持たないが，他の定式における値の相対的な関係からの整合性を確認した。ここには対価pに加えて，予約にかかるコストを含むものとする。購入しない場合は，コストは小さいものとして考え，カウントしない。

5　ネットワーク外部性によって得られる一般ユーザーの利得が，商品そのものの価値を上回らないとするのが一般的であることから，値の相対的な大小関係から，値を3とした。ここで3という絶対的な値は意味を持たないが，他の定式における値の相対的な関係からの整合性を確認した。

6　ユーザーによって商品に対する利得は大きく異なると考えられる。ここでは，パターン毎に，相対的な大，中，小の関係を設け，3タイプのユーザー毎に2タイプの留保価格のパターンを設定した。同一商品に対する留保価格の差の単位を2と設定した。ここで2という絶対的な値は意味を持たないが，他の定式における値の相対的な関係からの整合性を確認した。

$$r_{(f, e)}{}^{T1} = \begin{cases} r_{1\,(f_a,\, e)}{}^{T1} = 10 & (f_a \text{の場合}) \\ r_{1\,(f_b,\, e)}{}^{T1} = 6 & (f_b \text{の場合}) \end{cases} \tag{35}$$

$$r_{(f, e)}{}^{T2} = \begin{cases} r_{2\,(f_a,\, e)}{}^{T2} = 8 & (f_a \text{の場合}) \\ r_{2\,(f_b,\, e)}{}^{T2} = 8 & (f_b \text{の場合}) \end{cases}$$

仲介者 I が設定するアクター間の報酬配分率 a は以下のように数値設定を行う[7]。

$$a = \begin{cases} a^M = 0.5 \\ a^I = 0.25 \\ a^S = 0.25 \end{cases} \tag{36}$$

仲介者 I がいない場合は以下のように数値設定を行う。

$$a = \begin{cases} a^M = 0.75 \\ a^I = 0 \\ a^S = 0.25 \end{cases} \tag{37}$$

企業 M のみの場合は以下のように数値設定を行う。

$$a = \begin{cases} a^M = 1.0 \\ a^I = 0 \\ a^S = 0 \end{cases} \tag{38}$$

---

7 報酬配分 a は，売上の一部を原資に配分する。企業が売上を超えて報酬を払うことも，実社会では想定されるが，一般的には企業は利益を出すことを前提としていることから，今回は1を超えないものとした。

5 均衡解の導出

5.1 ケース1：社外発掘型ケースの均衡解（継続なし，メカニズムなし）

　リードユーザーSによる商品企画（f, e）をリードユーザーS自身が商業利用する事業を企業Mが継承する時，仲介者I[8]，企業M，リードユーザーS，一般ユーザーT_1，T_2は（0，0.5，0，2.5，0，0）で均衡する（図6-2：巻末）。この戦略の組では，企業Mは商品（f_a, e）を製造する。

　このケースでは，当初リードユーザーSがとっていた商業利用のリスクを企業Mが事業とともに継承している。企業Mは，事業継承後，投稿と投票のいずれのメカニズムも採用しなかったため商品開発のリスクは企業Mが負うこととなった。観察されたケースでは，企業Mは最初の数アイテムに，リードユーザーSによるユーザーイノベーションを商業利用していたが，後に自社のスタッフで商品開発を行う体制に切り替えている。

　企業Mが，投稿と投票のいずれのメカニズムも採用しない場合，リードユーザーSによるユーザーイノベーションの商業利用は，企業内組織で新商品を開発する場合と同様の商品開発リスクが生じる。このため，企業Mは，リードユーザーSに対する報酬を払い続ける経済合理性を有さず，ユーザーイノベーションの商業利用の継続をしなかったと考えることができる。これは，後述するが，企業Mは企業内組織で研究開発のコストを低く抑えることに成功した場合，企業Mは商品開発のリスクをとっても，自社内で企画した商品アイデアを，商業利用する意思決定を下すという，別途行ったシミュレーションの計算結果と符号する。

5.2 ケース2：自律調整型ケースの均衡解（継続あり，メカニズムあり）

　リードユーザーSによる商品企画（f, e）に対して一般ユーザーT_1，T_2が投票を通じて企業Mに購入希望の意思表明をする時，仲介者I，リードユーザーS_1，S_2，企業M，一般ユーザーT_1，T_2は（5，3，0，5，6，4）で均衡する（図6-3：巻末）。この戦略の組では，企業Mは商品企画（f, e）を製造す

8　このケースでは，仲介者Iは参加しないが，戦略の表記を他のケースと揃えて（$I, S_1,$ S_2, M, T_1, T_2）の順で記載する。

る．

このケースでは，企業Mは仲介者Iが投稿と投票のメカニズムを採用することで企業Mのユーザーイノベーションの商業利用の開発・在庫リスクを軽減しており，リードユーザーSと仲介者Iに対して報酬を払っても，ユーザーイノベーションの商業利用を継続して行う経済合理性を有していることが理解できる．観察されたケースでは，企業MとリードユーザーSは，ユーザーイノベーションの商業利用を目的としたプラットフォームに継続的に参加しており，計算の結果とも整合的である．

5.3　ケース3：自然発生型ケースの均衡解（継続あり，メカニズムなし）

企業Mが製造した商品に対して追加的にリードユーザーSが商品企画（f, e）を行い，リードユーザーS自身が利用する時，仲介者I，企業M，リードユーザーS_1, S_2, 一般ユーザーT_1, T_2は（0, 0, 0.5, 2.5, 0, 0）で均衡する（図6-4：巻末）．この戦略の組では，企業Mは商品企画（f, e）の利用をリードユーザーSに対して容認する．

このケースでは，リードユーザーSは，すでに販売されている商品の機能を補完するユーザーイノベーションを，無償で他の一般ユーザーTに提供する．計算の結果から，企業Mには，リードユーザーSによる活動を容認する合理性があることが理解できる．ケースで観察されるように，リードユーザーSには，報酬は生じないため，企業Mにはユーザーイノベーションが投稿されることで費用は発生しない．このことからも企業Mには，ユーザーイノベーションの継続的な投稿を許容し続ける経済合理性があることがわかる．

5.4　ケース4：企業主催型ケースの均衡解（継続なし，メカニズムあり）

リードユーザーSによる商品企画（f, e）に対して一般ユーザーT_1, T_2が投票を通じて企業Mに購入希望の意思表明を行う時，仲介者I，リードユーザーS_1, S_2, 企業M，一般ユーザーT_1, T_2は（0, −2, 0, 15, 6, 4）で均衡する（図6-5：巻末）．この戦略の組では，リードユーザーS_1, S_2はユーザーイノベーション（f, e）を提供しない．

このケースでは，投票のメカニズムが存在するため，企業Mは商品開発の

リスクを軽減することができる。一方でリードユーザーSに対する報酬は発生しない。このため企業Mは、ユーザーイノベーション（f, e）の商業利用から得られる利益を自社に還元できるため商業利用の意思決定を下す合理性を持つが、リードユーザーにはユーザーイノベーション（f, e）を投稿する合理性が生じない。その結果、ユーザーイノベーション（f, e）の商業利用は継続しない。実際、このケースでは、ユーザーイノベーション（f, e）の商業利用は継続的に行われなかった。均衡解を見る限り、企業Mにはケース2同様、継続する経済合理性がある。しかし、リードユーザーSには継続する合理性が働いていなかったことが計算の結果からわかる。ケース4では、報酬がリードユーザーに発生しないが、同時期に展開されていたケース2には報酬が設定されていた。このことから、企業Mにはどちらでも継続する合理性があったが、よりリードユーザーの参加が得やすいケース2のサービスを継続して、ケース4を中止したと解釈することができる。

6 分析結果の考察

　それぞれのケースにおいて、ゲーム理論の考え方をベースにしたモデルを用いて、ユーザー参加型オンラインプラットフォームに参加するアクターの効用が最大化する戦略の組を導出し、（I, S_1, S_2, M, T_1, T_2）の順に記載した（図6-6）。

　継続が見られなかった社外発掘型（ケース1）では均衡時の戦略の組は（0, 0.5, 0, 2.5, 0, 0）となり、リードユーザーSと企業Mに継続する合理性があることが示された。ケース1に関しては計算の結果は、ケースで観察された結果と異なり、継続を示唆するものとなった。

　継続が見られなかった企業主催型（ケース4）では均衡時の戦略の組は（0, -2, 0, 15, 6, 4）となり、企業Mにとっては継続する継続する合理性があってもリードユーザーSにとっては参加を続ける合理性に欠けることが示された。ケース4に関する計算の結果はケースで観察された結果と同様に、継続しないことを示すものとなった。

図6-6　ケース毎の均衡解（I, S_1, S_2, M, T_1, T_2）

		継続性 なし	継続性 あり
メカニズム	あり	ケース4： 企業主催型 （0, −2, 0, 15, 6, 4）	ケース2： 自律調整型 （5, 3, 0, 5, 6, 4）
	なし	ケース1： 社外発掘型 （0, 0.5, 0, 2.5, 0, 0）	ケース3： 自然発生型 （0, 0, 0.5, 2.5, 0, 0）

出所：筆者作成。

　継続が観察された自律調整型（ケース2）では均衡時の戦略の組は（5, 3, 0, 5, 6, 4）となり，仲介者I，リードユーザーS，企業M，一般ユーザーTにとっても継続する合理性があることが示された。ケース2に関しては，計算の結果はケースで観察された結果と同様に，継続することを示すものとなった。

　自然発生型（ケース3）では，均衡時の戦略の組は（0, 0, 0.5, 2.5, 0, 0）となり，企業MとリードユーザーSにとって継続する合理性があることが示された。

　ケース1で観察されたケースでは，企業Mは当初，リードユーザーSによるユーザーイノベーションを商業利用していたが，後に自社のスタッフで商品開発を行う体制に切り替えている。企業MがリードユーザーSによるユーザーイノベーション（f, e）を商業利用し続ける合理性を有しているにもかかわらず，自社内で企画する体制に切り換えたのは，LEGO Architectureの場合，建築シリーズに促した商品企画（f）であればユーザーイノベーションに頼らずとも需要が十分に見出せると判断できたためと考えられる。これは後述する社内R&D体制のコストが低く抑えられた場合の戦略の組が（0, 0, 0, 5, 0, 0）であることとも整合的である。

ケース2で観察されたケースでは，仲介者I，リードユーザーS，企業M，一般ユーザーTは，ユーザーイノベーション（f, e）の商業利用を目的としたプラットフォームに継続的に参加している。この観察結果は，企業Mが利益を得られれば，リードユーザーSと仲介者Iに対して報酬を払っても，ユーザーイノベーション（f, e）の商業利用を行う経済合理性を有しているという計算の結果と整合的である。

ケース3では，企業Mは既存商品の一部をユーザーが改変することを容認し，ユーザーイノベーション（f, e）が継続している状況が観察されている。観察結果より，リードユーザーSには報酬は生じず，企業Mは商品から得られる利益を全て得ていることがわかっている。計算から導出された均衡解から，企業Mは，ユーザーイノベーション（f, e）の継続的な投稿を許容し続ける経済合理性を有しているので，計算の結果は，観察された結果と整合性があるという説明が可能である。

ケース4では，企業Mはユーザーイノベーション（f, e）の商業利用を継続しなかった。このケースでは，投票のメカニズムが存在するため，企業Mは新商品開発のリスクを軽減することができることから継続する合理性があるように見える。しかし計算の結果は，ユーザーイノベーション（f, e）を投稿するリードユーザーに参加し続ける合理性がないことがわかる。

7　まとめ

ケース分析で得られた知見とモデルを通じて導出された均衡解を比較し，モデルの妥当性を考察した。前章で，ユーザーイノベーションの商業利用の4つの事例をそれぞれ，ゲーム理論を用いてモデルを作成した。モデルの妥当性を検証するために，数値設定のうえ，シミュレーションを行い，均衡解を求めた。

その結果，実際のケースで観察された結果を裏付ける整合性のある解釈ができた。また，モデルを用いたシミュレーションを行うことで，ケースの観察結果からではわからなかった複数アクター間の相互作用の理解が進み，新

たな知見が得られた。具体的には，ユーザーイノベーションの商業利用が継続して起こる場合は，企業以外のアクターの効用がどのように満たされているのかを説明できるようになった。

第7章
考察：商業利用の意思決定

第7章の要旨

　ケース分析により得られた知見（4章）とゲーム理論を取り入れたモデル（5, 6章）を用いて，分析の統合を行うことで，企業経営の観点からユーザー参加型オンラインプラットフォームの商業利用の継続を論じた。

　これらの分析から，投票メカニズムと連携する特定条件の適切な設定が，ユーザーイノベーションの商業的利用の継続の鍵をにぎることを指摘したうえで，アクター間の相互作用を促す取引ルールや報酬制度が企業によって設計可能なメカニズムであることから，オンラインプラットフォームのマネジメントを通じてユーザーイノベーションの継続的な商業利用が可能であることを結論づけた。

　ケース分析から，投票メカニズムが企業の新商品開発の意思決定に及ぼす影響を説明した。投票メカニズムを投稿メカニズムに接続することで，企業はリードユーザーによって持ち込まれたイノベーションの取得コストを変動費化できるだけでなく，一般ユーザーの投票結果を通じて，初期費用の回収可能性を投資の意思決定前に知ることが可能となる。これらのメカニズムを企業が採用することが，いかに企業の新商品への意思決定に正の影響を与えうるかを指摘した。

　次に，ケース分析で得られた知見とモデルを用いた分析との統合を図ることで，企業が投票結果と連動する報酬制度をリードユーザーに提示することが，他のアクターにも望ましい影響を与える点を指摘した。企業利益を他のアクターとわかち合う報酬制度の採用は，企業自身の利益のみならず，リードユーザーと一般ユーザーを含む全ての参加アクターの効用を増加させることを示したうえで，ユーザー参加のメカニズムは経営マネジメントの対象となりうることを明らかにした。

1　投稿メカニズムの限界

　既存研究より，投稿メカニズムを採用した企業によるユーザーイノベーシ

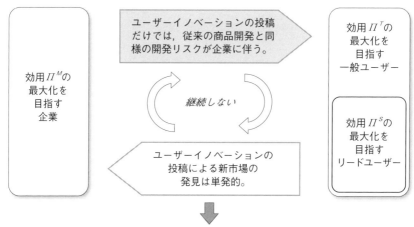

図7-1　投稿メカニズムの課題

効用 Π^M の
最大化を
目指す
企業

ユーザーイノベーションの投稿
だけでは，従来の商品開発と同
様の開発リスクが企業に伴う。

効用 Π^T の
最大化を
目指す
一般ユーザー

継続しない

効用 Π^S の
最大化を
目指す
リードユーザー

ユーザーイノベーションの
投稿による新市場の
発見は単発的。

イノベーションの調達ができても，商業利用のリスクは下がらないため，
企業には，継続する合理性が発生しない。

出所：筆者作成。

ョンの商業利用の継続率は約5割に留まり，継続は困難であるとされている
（加藤，2004）。ユーザー参加型オンラインプラットフォームに挑戦し，一度
は商業利用を実現した企業であっても，継続を断念する背景には，ユーザー
参加型オンラインプラットフォームは，従来の商品開発のアプローチと比較
して企業利益に貢献しなかった点が挙げられる。

　商業利用を成功させたにもかかわらず継続を中止した企業に対するアンケ
ートから，ユーザーから商品アイデアを受け付ける手法には課題があること
が見て取れる。「過去に御社 Web サイト上で，消費者の意見やアイディアを
収集して○○という商品が開発されていますが，それに続く同様の消費者が
参加できる商業利用の企画は行われないのでしょうか？　もし今後もそのよ
うな企画は予定されていないとすれば，その理由は何なのでしょうか？」と
いう問いに対して，「構造や生産ラインの制約で消費者からの様々な要望に高
いレベルで答えられない」ことに加えて，「商業利用には各種の技術も絡むた
め，聞いた意見をすぐに商品化するには困難」とされる回答が寄せられてい
る（加藤，2004）。

このことから，投稿メカニズムを採用し，ユーザー由来のイノベーション
を受け付けても，社内の研究開発活動から得られたイノベーションと同様に，
商品化を行う意思決定には初期投資が必要となり，その費用を回収できない
リスクを軽減することなくして，商業利用を継続する合理的な理由がなかっ
たことが見て取れる（図7-1）。

　このようにインターネットを使ってユーザーから新商品に求める要望やア
イデアを集める投稿メカニズムを採用する企業には，新規需要を発見できる
メリットが認識できても，損益分岐点を越すだけの市場機会が確信できるま
では，継続の意思決定を下す合理性が生じにくい。

2　適切な閾値設定がなされた投票メカニズムの効果

　ユーザー参加型オンラインプラットフォームの商業利用を継続している企
業は，投稿メカニズムに加えて投票メカニズムを採用している点が観察され
た。観察されたケースでは，リードユーザーがイノベーションを投稿できる
だけでなく，一般ユーザーがそのイノベーションに対し購入意向を表明でき
るようになっていた。

　この事実から，一般ユーザーが投票を通じて潜在的な市場規模を企業に提
示することで，初期投資額の回収リスクを軽減させる効果が得られ，投票メ
カニズムの存在が，企業に商業利用の取り組みを継続させる条件なのではな
いかという仮説が得られた。そこで，投票メカニズムがどのように企業にユ
ーザー参加型オンラインプラットフォームの商業利用の継続を意思決定させ
るのかの検証目的とし，比較研究のためのクロス分析を行った。

　しかし，投票メカニズムの役割の比較からは，投票メカニズムが採用され
るだけでは継続性が得られず，この仮説は立証されなかった。一方，継続し
ているケース間の比較分析では，メカニズムが不在でも商業利用が継続する
ことが確認され，投票メカニズムとは別の継続性の要因が存在することが示
唆された。

　このことから，企業に商業利用の継続を判断させるには，投票メカニズム

に加えて，別の特定条件が満たされている必要があるという新たな仮説が得られた。

2.1　投票メカニズムの条件設定が継続性に与える影響

　投票メカニズムの存在に加えて，どのような条件が企業の意思決定に影響を及ぼすのかを理解するために，継続性に差異が生じた2つのケースについて，条件設定などに違いが見られないか，検証を行った（図7-2）。

　企業主催型（ケース4）と自律調整型（ケース2）のケースは，いずれもユーザーイノベーションの商業利用を目的とするオンラインプラットフォームである。投稿メカニズムに関しては，ケース間で大きな差異は存在しなかった。双方とも投稿に必要な費用は無料であり，投稿数の上限などは設けられていなかった。

　一方，投票メカニズムに関しては，商業利用を決定する投票数の設定において差が観察された。継続しなかった企業主催型（ケース4）では投票メカニズムの商品化決定の閾値は1票であった。継続している自律調整型（ケース2）では，投票メカニズムの商品化決定を検討する閾値は1万票であった。

　企業主催型（ケース4）の投票メカニズムの条件下では，通常より高い価格設定であったが，必要ロットは1個であったため，予約さえすれば入手することができた。このことから，商品化の決定の閾値を1オーダーと設定した投票メカニズムを採用した企業主催型（ケース4）では，単発的なユーザーのニーズを満たすには適していたといえる。

　しかし，企業が商品販売を継続して行うことで利益を追加的に得ようとした場合，企業主催型（ケース4）のメカニズムを通じて新規のユーザーを得ることができなかった。このことから，企業にとって，閾値が1票の投票メカニズムは，ユーザーからイノベーションを獲得することはできても，継続的に新規のユーザーをオンラインプラットフォームに呼び込み，継続的販売を促すメカニズムを有していなかったといえる。

　一方，商業利用が継続した自律調整型（ケース2）で採用した投票メカニズムでは，1万人の購入意思を持つ投票者が集まらなければ，企業が商品化

図7-2　ケース比較：
　　　　投票メカニズムを採用するだけでは継続性が生じない理由の特定

継続性

		なし	あり
メカニズム	あり	投票メカニズムが 継続性へ与える影響の考察 （企業主催型 vs. 自律調整型）	
	なし	社外発掘型	自然発生型

出所：筆者作成。

の検討を行うことはなかった。このため，企業主催型（ケース4）と異なり，ユーザーはすぐに商品を購入することができなかったが，企業は，新規ユーザーを獲得することができた。

　自律調整型（ケース2）で採用された閾値1万票の商品化検討という条件は，企業にマーケティング費用の低減をもたらし，潜在市場の発見を容易にしたといえる。自律調整型（ケース2）では，投稿メカニズムによる商品企画の調達に加えて，新商品として上市する際の販売リスク低減という2点の効用が企業に生じたことから，企業に継続する合理的な意思決定を促したと考察される。

　このメカニズムの条件の差は，ユーザーの行動にも影響を与えた。1万票が商品化検討の閾値として設定されてある条件の存在により，商品の入手を希望するユーザーは，購入を希望する他のユーザーを集めてくるインセンティブを持った。新規のユーザーを獲得する役割をユーザー自身が担うことで，マーケティング機能の一部を企業に提供するようになった。その結果，企業は，より多くの販売が期待できるユーザーイノベーションを選択し，商業利用の決断を下せるようなった。

　上記のケースを用いた比較分析から，投票メカニズムの閾値の設定の違い

がもたらすユーザー行動の変化が，最終的に企業のユーザーイノベーションを継続させる経営判断へとつながっていったと考えることができる。適切に閾値が設定された投票メカニズムが用意されることで，消費をする一般ユーザーは，投票を通じてより望ましい条件を選好し，商品として購入を望む商品案選定プロセスに参加できるようになる。一般ユーザーによる選好表明の件数は企業にとって，潜在市場の大きさを示唆する。投稿された商品案に対して投票時に購入希望価格が入力されることで，潜在市場が数量化され，商業利用のポテンシャルのある商品企画を早期に発見できる。この潜在市場に関する数値が利益をもたらすのに必要な閾値を満たしていると判断できる場合は，商業利用の投資判断を下す合理性が企業に生じる。

投票という行為にかかる一般ユーザーの心理コストは，オンラインプラットフォームにおいてごくわずかなものである。一方，企業側にとっては，集積された投票結果がもたらす価値は非常に大きい。なぜなら，投票数が損益分岐点などの閾値を超えた場合は，新商品開発の投資回収リスクが軽減されることを示唆するからである。このように一般ユーザーを対象とする投票メカニズムをオンラインプラットフォームに採用することで，新商品開発のリスクを低減する効果は，継続的にイノベーションを創発する必要のある企業にとって意味合いが大きい。

このような投票メカニズムの存在は，企業に商業利用の意思決定を下しやすくする効果を有していることから，企業にユーザー参加型オンラインプラットフォームの商業利用を継続させる合理的判断をもたらす要因の1つとなっていると考えることができる。しかし，企業主催型（ケース4）と自律調整型（ケース2）のケースの双方には投票メカニズムが採用されているにもかかわらず，片方ではユーザーイノベーションの商業利用の継続は観察されなかったことから，投票メカニズムの採用だけでは必ずしも継続した商業利用は行われるとはいえない。企業が意思決定を下すための十分な数，すなわち，企業にとって経済合理性をもたらす閾値を超えた投票を獲得するなどの特定の条件を満たす必要があることも明らかになった。

上記より，企業が投稿メカニズムに投票メカニズムを接続し，企業の投資回収リスクを軽減できる閾値を超えるまで購入希望者を集めることで，企業

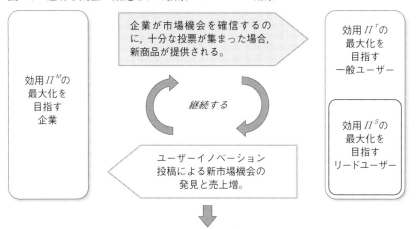

図7-3 適切な閾値が設定された投票メカニズムの効果

企業が市場機会を確信するのに，十分な投票が集まった場合，新商品が提供される。

効用 Π^M の最大化を目指す企業

効用 Π^T の最大化を目指す一般ユーザー

効用 Π^S の最大化を目指すリードユーザー

継続する

ユーザーイノベーション投稿による新市場機会の発見と売上増。

事前に潜在市場の存在を企業は把握することができるため，商業利用のリスクは下がり，継続する合理性が生まれる。

出所：筆者作成。

がユーザーイノベーションの商業利用を決断する合理性を理解できた（図7-3）。

2.2　投票メカニズム以外の継続性をもたらす要因

　投票メカニズム以外に継続性をもたらす因子には，どのようなものが存在するのかを確認するために，投票メカニズムがなくてもユーザーイノベーションの商業利用が継続しているケースと投票メカニズムを採用することで継続しているケースの比較を行った（図7-4）。

　選ばれた自然発生型（ケース3）と自律調整型（ケース2）の2つのケースでは，どちらにもユーザーが他のユーザーに参加を呼びかけるインセンティブが働いていることが観察された。

　自然発生型（ケース3）においてユーザーイノベーションが流通し続けた背景には，ユーザー間で合意されたコミュティ参加に際してのオープンソースのルールが存在していた点が挙げられる。ユーザーによる投稿は，オープンソースなので，他のユーザーが無料で自由に利用できるようにオンラインプラットフォーム上で公開された。これらの投稿物は，インターネット上で

図7-4　ケース比較：継続性をもたらす投票メカニズム以外の要因分析

継続性

		なし	あり
メカニズム	あり	企業主催型	メカニズムに よらない 継続性をもたらす 因子の考察 （自律調整型 vs. 自然発生型）
	なし	社外発掘型	

出所：筆者作成。

　気軽に受け渡しができたため，SNSやメールなどを通じて，オンラインユーザーコミュニティの間で共有が進んだ。共有された投稿物は，他のユーザーにより修正が加えられた場合，入手時と同じ条件でユーザーコミュニティに還元された。その結果，多くの種類の投稿がラインアップされ，あとから参加するユーザーにとって，より多くのメリットを生じさせることにつながった。ユーザー間で合意された投稿物をオープンソースとするルールの存在は，新たな投稿が還元され続けることに寄与するため，ユーザーが継続的に利用する理由を生み出すと考えられる。

　一方，自律調整型（ケース2）の場合，ユーザーの投稿を使用する際の条件はオープンソースに基づくルールではなかった。自律調整型（ケース2）においては，ユーザーは，プラットフォームを運用する仲介者の定めるルールに合意することを求められた。投稿されたアイデアの著作権の扱いに関しては，後に企業にライセンスされることを念頭に，仲介者に帰属させることが求められていた。しかし，自然発生型（ケース3）と異なり，一定の条件を満たしたユーザーには，報酬が約束されていた。一定の投票を集めると投稿されたアイデアは，商品化され，売上に応じたロイヤリティが支払われた。そのため，リードユーザーにはより多くの一般ユーザーの投票を集めてくるインセンティブが働いた。

このように，自律調整型（ケース2）と自然発生型（ケース3）には，それぞれ異なるが，継続的に新規のユーザーが訪れる結果をもたらすルールが存在していた。これらのルールにより，後から参加するユーザーには，先に参加したユーザーよりも多くのメリットが得られるようになっていた。このことから，ユーザーの参加自体が継続性を生じさせる構造となっている場合，ネットワーク外部性が生じ，結果として，オンラインプラットフォームの継続性に寄与することが理解された。

　2つのケースで観察されたオープンソースの考え方とロイヤリティの設定は，リードユーザーの投稿に対する報酬に関係するルールであるといえる。これらのルールは，投票メカニズムとは独立して存在する継続性に影響を及ぼす別の要因として考えることができる。どちらも，ユーザーにとっては，参加を継続する理由となりうるが，企業の観点から見てみると，投票メカニズムと異なり，ルールによって企業利益への貢献に差が生じる。

　具体的には，自律調整型（ケース2）では，投稿物が商業利用された際の報酬は，売上に連動したロイヤリティであったことから，オンラインプラットフォーム上でのユーザー参加の活性化は，企業にとって売上増加を意味した。一方で，自然発生型（ケース3）での，オープンソースのルールが対象としたのは，すでにユーザーが購入した既存商品のソフトウエア部分に関するものであったため，オンラインプラットフォーム上でのユーザー参加の活性化は，必ずしも企業にとって売上増を意味するわけではなかった。

　このように，ユーザーイノベーションの商業利用が継続しているケースには，投票メカニズムとは別に，ユーザーの投稿に対する報酬の支払い方法がルールとして明確になっており，ユーザーの継続的な参加に寄与していることが観察された。売上に貢献しないルールの採用は，企業にとって効用が限定的となるため，企業にオンラインプラットフォームを継続する経済合理性は生じにくい。その点，投票数に連動する報酬制度の導入は，リードユーザーだけでなく，企業にとっても経済合理性が働くものであったため，オンラインプラットフォームの継続に寄与したと考えられる。

3 報酬配分率αとユーザー参加の価値創造

これまでの考察から，企業には，投稿メカニズムに加え，商業利用の意思決定を下すことができる閾値を設定した投票メカニズムを導入することで，オンラインプラットフォームを継続する経済合理性が生じることを説明した。また，企業が投票数に応じた報酬制度を採用することで，リードユーザーの参加を促すことが可能であることの理解も進んだ。

一方で，リードユーザーの参加を促すために，どの程度の報酬を用意すると，企業が望むユーザーイノベーションが得られ，継続的な商業利用が可能になるのかという問いには，十分な理解が得られたとはいえない。リードユーザーに対して提示する報酬分配率は少ないほど，企業に残る利益は多くなる。しかし，リードユーザーに提示される報酬配分率を低く設定しすぎた結果，リードユーザーの参加が得られなくなってしまう恐れもある。

ここでは，リードユーザーが生み出すユーザーイノベーションの対価を企業がどのように決定すべきか，という点に焦点を絞って考察を行う。ケースで観察されたアクター間の相互作用を取引として捉え，企業による報酬配分率の決定が，どのようにリードユーザーと企業間の取引に影響を与えるのかを考察する。

自律調整型（ケース2）で観察された企業とリードユーザーの関係は，企業のイノベーションの需要に対して，リードユーザーがユーザーイノベーションを供給する取引として説明が可能である。自律調整型（ケース2）では，リードユーザーにユーザーイノベーション取引に参加してもらうために，仲介者が企業から受け取る報酬の配分比率を調整していたことが観察された。

取引の成果に応じて報酬を受け取る仲介者は，企業から対価を受け取るために，企業の利益のみならず，リードユーザー，一般ユーザーを含む全てのユーザーの効用を増加させ，それぞれのアクターの行動を促進させる動機が生じていた。同様に，仲介者には，商業利用が継続することに対する経済合理性が働いていた。仲介者は，投稿されるユーザーイノベーションの数とそれぞれの投稿アイデア毎の投票数の増加を促すことで，報酬を受け取る可能性を高めることができるため，仲介者自身の意思決定で決定できる報酬配分

の比率を適正に調整し，ユーザーイノベーションの取引の活性化を目指したと考えることができる。

　ゲーム理論を用いたモデル（5，6章）において，配分率aは企業M，リードユーザーS，仲介者Iの3アクター間でユーザーイノベーションfの商業利用で得られた利益をどのようにそれぞれの報酬とするか，を決定するパラメーターである。配分率a^Mを決めることは，企業M以外のアクターの報酬を決めるということでもある。企業Mは配分率a^Mの決定を通じて，リードユーザーSへの報酬をいくら支払うと，より多くの新商品市場を発掘でき，潜在的な利益総額を増やすことができるのか，という問いに答えを出しているといえる。

　企業Mは，リードユーザーSに十分な報酬の配分率a^Sを示し，報酬が投票メカニズムと連動しているということを知らせることで，企業Mの効用とリードユーザーSの効用を連動させることができる。報酬配分率a^Sはあらかじめ共有されており，リードユーザーSは自らの報酬を，投票数$Q_{(f,e)}$と連動して増加させることができることを知っている。リードユーザーSは，報酬を増やすために，一般ユーザーTの投票を獲得しやすいユーザーイノベーションfを起こすインセンティブを持っている。例えば，より市場の大きいユーザーイノベーションfを優先的にオンラインプラットフォーム上で展開する合理性がリードユーザーSにも生じる。

　リードユーザーSによるユーザーイノベーションfを促す投稿メカニズムは，企業Mが求める新市場の発見を促進する効果をもたらす。そして，適切な条件が設定された投票メカニズムの導入は，十分な投票数が集まるまで企業Mに支払いの義務が発生しないため，リスク管理の観点からもメリットがある。企業Mが新商品の開発に際し，投票メカニズムを導入することによって将来の不確実性を低減させることで，企業Mはユーザーイノベーションを提供するリードユーザーSに支払う報酬配分の比率を増加させることができる，と考えられる。a^Mは企業MがリードユーザーSにどのくらいの割合で報酬を分配すれば，リードユーザーSが保有するイノベーションを生み出すケイパビリティを自社のために使わせてもらえるか，という社外のリソースマネジメントに関する課題に対する意思決定の結果であるといえる。

図7-5　投票メカニズムと連携する報酬制度の効果

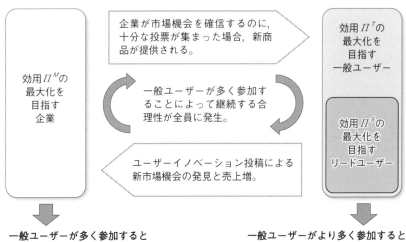

出所：筆者作成。

リードユーザーSへの報酬配分率a^Sの増額は，企業Mの効用の観点に立つと，企業Mの利益率減少を意味する。リードユーザーSが，多くの一般ユーザーTの投票数$Q_{(f,e)}$を集めることで，企業Mが利益率減少を補う売上増の機会の獲得を行うことができたと判断した時，企業Mはa^Mが小さい値であっても，企業Mに効用をもたらすとして意思決定をする。

　企業経営の観点から，報酬配分率a^Sの決定は，リードユーザーSに多くの一般ユーザーTによる投票を集める商品アイデアを投稿させるようにするインセンティブを企業Mがいかに効率的に設計し，実行するかという意思決定の結果である。そのため，一定の投票数$Q_{(f,e)}$を担保する商品化検討の閾値σの設定と報酬配分率aはセットでマネジメントされる必要がある（図7-5）。

　これらのことから，ユーザーイノベーションの商業利用のモデルを連続す

る1つの動きとして捉えた時，そこで生じる相互作用の連鎖を担うのは，投票を行う一般ユーザーTの効用Π^Tを高めることで，自らの効用を最大化しようとするリードユーザーSの行動を規定する報酬配分率aと投票メカニズムの閾値σのマネジメントが鍵を握っていることがわかる。

4 企業内で行われる研究開発活動との比較

これまでの議論により，企業は適切な閾値を設定した投票メカニズムを有するオンラインプラットフォームを採用することで，継続的なユーザーイノベーションの商業利用が達成できることの理解が進んだ。企業にとって，社内の研究開発活動に加えて，イノベーションを創出できるオプションが増えることは望ましい。では，企業は，オンラインプラットフォームの採用をすることで，どのように社内の研究開発により望ましい成果を上げることができるのであろうか？　ここでは企業がすでに社内で研究開発活動を行っている場合を想定ケースとして，「ユーザーイノベーションの取引モデル」を用いて，数値設定のうえ，均衡解を求め，他のケースと対比しつつ，企業経営の観点から考察を行う。

企業が研究開発センターを社内に有する場合，理論上，企業には3つの選択肢が存在する。選択肢は，研究開発センターにリソースを集中させる，ユーザー参加型オンラインプラットフォームに切り替える，あるいは，双方とも並行して採用する，となる。ユーザーイノベーションを継続的に商業利用するためには，経営資源をどのように配分すべきか，という観点から考察を進める。

具体的には，企業が研究開発センターなど社内で創出したイノベーションを商業利用する場合と，オンラインプラットフォームを通じて社外から調達するユーザーイノベーションを商業利用する場合をそれぞれ比較できるように，モデルを用いて分析する。ケース分析では，研究開発センターによるイノベーションの商業利用を行うケースは観察されなかったため，これを新たにベースケースとして想定し，数値設定のうえ，均衡解を他のケースと比較

する。

4.1 ベースケース：企業内研究開発によるイノベーションの商業利用

　ベースケース（研究開発）として，イノベーションfが社内の研究開発部門によって生み出されるケースを想定する。

　ここでは，ユーザーイノベーションfは採用されない。参加するアクターは，1社の企業M，2人の一般ユーザーT_1，T_2である。仲介者I，リードユーザーSは参加しない。各アクターはそれぞれの効用Πの最大化を目指し意思決定するものとする。商品化が決定された場合，一般ユーザーTに商品（f, e）は販売される。一般ユーザーT_1と一般ユーザーT_2は販売されている商品（f, e）から望ましいものを購入する。望ましい商品（f, e）が見つからない場合は，購入をしない。ここでは商品（f, e）を複数購入できない。初期費用がかかるため，製造コストは高い設定$c_{(eh)}^{M}$である。

　ユーザーイノベーションfによらず企業Mが社内の研究開発センターなどにより，イノベーション（f_a, e）と（f_b, e）を発現させ，商品化を検討する時，企業Mと一般ユーザーT_1，T_2は（0，0，0，0，0，0）で均衡する（図7-6：巻末）。この時，企業Mは製造をしない。

　ベースケースでは，研究開発の費用が高いことを想定している。需要が商品開発前にわからないため，商品化しても在庫を抱えてしまうリスクがあることから，商品化を見合わせることが企業Mにとって合理的であると解釈できる。

4.2 企業が企業内研究開発の費用低減に成功した場合

　ここでは，社内研究開発センターが開発コストの圧縮に成功した場合を想定する。ベースケース（研究開発）の初期費用は低い設定$c_{(el)}^{M}$である。

　企業Mが社内研究開発活動の費用を削減し，社内で発現したイノベーション（f_a, e）と（f_b, e）の商品化を検討する際，企業Mと一般ユーザーT_1，T_2は（0，0，0，5，0，0）で均衡する（図7-7：巻末）。この時，企業Mは商品（f_a, e）を製造する。

　このベースケースでは，企業Mは研究開発の費用を低く抑えられると想定

する。先のベースケース同様需要が商品開発前にわからないが，初期費用が少ない分だけ不良在庫になったとしてもリスクが限定的となるため企業Mは商品化をすることが合理的であると解釈できる。

4.3 企業内研究開発に加え，オンラインプラットフォームの採用を追加した場合

　企業Mに，ベースケース（研究開発）とユーザー参加型オンラインプラットフォームのどちらかの選択肢しかないのであれば，可変コストとしてイノベーションの対価を成功報酬にて支払うことができるオプションを選択するほうが，リスクが少なく合理的である。しかし，実際の社会では，研究開発センターを廃止するまでの決断は下しにくい。

　企業Mがすでに研究開発の組織を社内に有している場合，そこに属する研究者の配置転換など，追加的なコストも想定される。したがって，ユーザー参加型のオンラインプラットフォームに費用面での相対的な優位性が見出された場合，企業経営者は，代替手段ではなく，研究開発センターの機能を拡張する手段として，ユーザー参加型のオンラインプラットフォームを採用する合理性を有していると理解できる。実際，ケース1では，ユーザーイノベーション（f, e）を商業利用した後，社内のスタッフが商品企画を行うようになったことが観察されたことからわかるように，企業Mはユーザーイノベーションと社内R&D機能を使い分けている。

　ケース1の均衡時における各アクターの戦略の組が（0, 0.5, 0, 2.5, 0, 0）であったのに対し，社内研究開発のコストが低いベースケースの均衡時における各アクターの戦略の組が（0, 0, 0, 5, 0, 0）であった（図7-7：巻末）。均衡時の企業Mの効用は，2.5から5.0に増えており，社内の研究開発機能のコスト効率が優れている限り，ユーザーイノベーションと社内のR&Dの組み合わせを行うことが，企業Mにとって合理的であると解釈できる（表7-1）。

　一般には，研究開発機能をすでに社内に有している場合は，固定的な支出が生じているため，追加的に固定的支出が求められるようなイノベーションの創出アプローチを継続的に採用するという意思決定は下しにくい。一方で，ユーザー参加型のオンラインプラットフォームのように，社外のリードユー

表7-1　均衡解まとめ

ケース		ユーザーイノベーションの商業利用の継続	戦略の組 (I, S_1, S_2, M, T_1, T_2)
ケース1	社外発掘型 LEGO Architecture	継続せず （社内研究開発体制へ移行）	(0, 0.5,　0, 2.5,　0,　0)
ケース2	自律調整型 LEGO CUUSOO	継続	(5,　3,　0,　5,　6,　4)
ケース3	自然発生型 leJOS	継続	(0,　0, 0.5, 2.5,　0,　0)
ケース4	企業主催型 LEGO Factory	継続せず （中止）	(0, −2,　0, 15,　6,　4)
ベースケース1	社内研究開発・コスト高	NA	(0,　0,　0,　0,　0,　0)
ベースケース2	社内研究開発・コスト低	NA	(0,　0,　0,　5,　0,　0)

出所：筆者作成。

ザーSが成功報酬の契約のもとでイノベーションを創出し，報酬の支払い額が売上に連動した可変コストとして発生する場合は，企業Mには新たなアプローチを追加的に採用する合理性が働く。仮に研究開発センターの固定的な支出があっても，オンラインプラットフォームの費用負担が変動費化できている場合は，既存の社内の研究開発機能と併存して試みを継続させる経営判断が働く経済合理性を企業経営の立場から議論して説明した。

5　研究対象の特殊性についての考察

　本研究では，時期，対象商品，製造企業，ユーザーコミュニティという4点に共通するケースを抽出することで，比較対象の妥当性を得た。一方で，一般性を議論するうえで，普及が進んだモジュール性の高いブロック玩具のLEGOであるがゆえの特殊性が優位に働いていた点は考慮にいれる必要があると思われる。

　ここでは，主にモジュール性の高いブロック玩具であるがゆえに企業に対

して初期投資の低さが生じた点と，ユーザーに対してブロック玩具であるがゆえに様々なテーマに関する創造ができた点から，本研究の対象の特殊性について説明を行う。

　まず，モジュール性の高いブロック玩具であるがゆえの初期投資の低さが与えた特殊性について述べる。先行研究より，製造業の分野での継続性がとりわけ困難であることがわかっている。ユーザーイノベーションの商業利用のプロジェクトを開始した企業の中で，流通業では33%が中止したのに対し，製造業では83%の企業が継続を断念している（加藤，2004）。

　そのような中にあって，自律調整型のケースでは，製造業でありながら，10年という長い期間にわたり，年に1つ以上のペースでの商品化を通じてユーザーイノベーションの商業利用を行っている。この背景には，対象となった商品がプラスチック製品でありながらも，モジュール性の高いブロック玩具であるがゆえに，新製品を発売することになった場合でも，すでに開発済みの既存ブロックを組み合わせるだけで，新商品としてパッケージ化ができたという特徴が挙げられる。

　これが，他の家具や家電であった場合，新規で金型を起こす必要などが生じるために初期投資額が大きくかさむことが一般的であると想定される。このような高額な金型代などを回収するには，相応の市場規模や，成功の確度が投資判断時に求められるため初期投資の額が高くなるほど，商業利用の判断基準も厳しくなる。一方，初期投資がLEGOのように既存商品の組み合わせで提供できる場合，少ない初期投資でユーザーイノベーションの商業利用の意思決定ができる。

　このことから，モジュール性の高い，ブロック玩具という商品であるがゆえに，ケースで扱った商品を製造する企業は他の一般的製造業と比較して，より少ないリスクでユーザーイノベーションの商業利用ができる立場にあったといえる。このことは，投票システムで開発前に得られる市場性の情報とは別立てで存在する本研究の対象固有の特質であるといえる。

　次に，モジュール性の高いブロック玩具であるがゆえに，ユーザーが様々なテーマに関する創造が自由にできたという点から，複数のコンテンツ毎にインターネット上に存在するユーザーコミュニティを巻き込んだ特殊性につ

いての説明を行う。LEGO CUUSOOにおいては，ユーザーはキャラクターなどの既存コンテンツを題材としたコンテンツを投稿することができた。その結果，コンテンツ毎に存在する複数の異なるユーザーコミュニティをつなげることで，市場が拡がるという現象が観察された。

　実際にLEGO CUUSOOで商品化された商品のうち半分は既存のキャラクターなどのコンテンツをLEGOで再現したものとなっている。それらのコンテンツはアニメや映画に登場するキャラクターや道具が多い。コンテンツのコミュニティを代表するユーザーは，市場に欲しい商品がない場合，プラットフォームに提案し，すでに存在しているユーザーコミュニティに投票を呼びかけることで即効性のある効果を生み出すことができた。 Eisenman et al.（2006, 2011）は，イノベーションに頼らずに，複数のマーケット接続をすることで新市場への参入が可能であることを，ツーサイド・プラットフォーム（two-sided platform）理論として示している。このように，接続先としてのコンテンツマーケットは，LEGOという商材のマーケットにとって魅力的なマーケットであったといえる。この2つの種類のマーケットは従来ならば独立して存在しているが，ユーザーに2つの財を組み合わせることを促すことで，市場を接続させられたこともブロック玩具固有の特質があってのことといえる。

6　まとめ

　メカニズムが，ユーザー参加型オンラインプラットフォームの商業利用を継続する企業の意思決定にどのように影響を与えたのかという点を中心に，ケースのクロス分析の結果と定式化によって得られた知見を統合し，考察を行った。

　まず，ケース分析から適切な数値設定がなされた投票メカニズムの重要性が確認された。自律調整型ケースでは，商品化検討の閾値として設定された投票メカニズムが採用されていたが，この閾値の設定は，企業主催型のケースでの閾値の場合と比べて，企業にマーケティング費用の低減をもたらすと

ともに，潜在市場の発見を容易にした。

　また，投票メカニズムを投稿メカニズムに接続し，リードユーザーと一般ユーザーが2段階に参加できるようにすることで，企業はイノベーションを商業利用するために必要となる研究開発費用の初期投資額を抑え，変動費化することができた。投稿メカニズムによって，新市場の発見ができただけでは，研究開発費用は変動費化されない。しかしユーザーイノベーションを起こすリードユーザーに投票や販売数に応じた支払いをする報酬ルールに事前に合意してもらうことで，イノベーションの費用をロイヤリティという形で，変動費化できることを定式化を通じて確認することができた。

　さらに，投票メカニズムが報酬制度と連携されたことにより，リードユーザーは公開された情報から，商品化達成に必要な追加努力量を把握することができるようになり，受け取る報酬を増やすための方法を試行錯誤することが可能になった。もし，仮に投票状況が開示されていなければ，報酬を決定づける投票の状況などをリードユーザーに事後的に伝えることになり，企業の管理コストの増大を招いていた恐れがある。

　上記より，企業が単に投票メカニズムを採用するだけでなく，適切な閾値の設定や投稿メカニズムとの連携，報酬制度との連携を図ることでユーザーイノベーションの発見と，十分な人数の購入意思表示による販売リスク低減が，企業にもたらされ，ユーザー参加型オンラインプラットフォームの商業利用を継続する意思決定を下す合理性が生じたと考察される。また，企業が投票数と連動する報酬制度を導入することは他のアクターにも影響を与え，イノベーションを生み出すリードユーザーにも，より大きな潜在市場を探索するインセンティブをもたらしたと考えられる。

　モデルにより，各アクター間の相互作用がシミュレーションできるようになり，ユーザーイノベーションの商業利用と従来の研究開発活動を比較することができるようになった。このことにより，ユーザー参加型のオープンなプラットフォームを活用する企業にとってのメリットは，より少ない初期投資で外部のイノベーションが発見できるところにあり，社内の研究開発活動と併用する合理性が企業に生じることがわかった。これを，モデルを用いて導出した均衡解で説明した。このことは，ケース分析からだけでは発見され

得なかった知見である。

終章
結論

終章の要旨

　本章では，企業による継続的なユーザーイノベーションの商業利用は，オンライン
プラットフォームのメカニズム設計によって管理可能であることを結論付けた。

　ユーザーイノベーションの商業利用は継続しないとする先行研究に対し，商品化の
意思決定が下しやすくなる投票メカニズムが採用され，適切な条件が設定された場合，
企業とユーザーの双方にユーザーイノベーションの商業利用を継続する合理性が生じ
ることを示し，「ユーザーイノベーションの取引モデル」として一般化した。

　企業経営実務への貢献として，ユーザーイノベーションを起こすリードユーザーと
の取引時の提示条件の調整を通じて，ユーザーイノベーションの商業利用の促進が管
理可能であることを示した。

1　研究の背景

　オンラインプラットフォームのメカニズム設計の経営含意を考察するに至
った契機は，ユーザー参加型オンラインプラットフォームは短命に終わるこ
とが多い，という通説と異なるケースが観察されたことに遡る。

　ユーザーが商品化の源泉となるイノベーションを生み出す現象が，企業の
管理対象として扱われることは限定的だった。その理由として，ユーザーが
イノベーションを生み出すプロセスは，研究開発部門の研究者や事業部の企
画部門による商品開発プロセスの範疇外である点が挙げられる。また，企業
の外で生まれたイノベーションを社内に取り込む際，ユーザーとは雇用関係
がないため，企業が望む行動をユーザーに強要できないことに加えて，不特
定多数のユーザーの中で，誰がイノベーションを生み出すのかを事前に知る
ことができないため，企業の人事管理の諸制度では対応に限界がある点が挙

げられる。

　そこで，本研究では，企業の管理が及ばない社外の事象も，オンラインプラットフォームという媒介でつながるユーザーを1つの連続する大きなシステムとして捉え，そこに働くメカニズムを分析対象とすることで，一般化を目指した。その上で，企業経営の観点から，ユーザーが生み出したイノベーションをオンラインプラットフォーム上で継続的に商業利用する条件の解明を試みた。

2　本研究で得られた知見

　本研究は，ケース分析ではアクターの効用に焦点をあて，アクター間の相互作用をメカニズムとして理解した後に，メカニズムの動的過程を理解するためにモデルを用いたシミュレーションを加え，統合的に分析を行うことで，ユーザー参加型オンラインプラットフォームの継続的な商業化に資するマネジメント手法の一般化を目指した。

　その結果，ユーザー参加型オンラインプラットフォームは継続しないとする先行研究での通説に対し，オンラインプラットフォームに参加するアクター全員の経済合理性を満たすことでオンラインプラットフォームが継続する条件が整うことを示した。具体的には，1）商品化を希望する一般ユーザーによる投票メカニズムを採用することで，一般ユーザーの効用を満たせても，それだけでは，企業の効用を十分に満たせないため，2）新たに，商品化が意思決定される投票数の閾値を適切に設定することで，企業にとっての経済合理性を満たし，3）さらに，商品アイデアを投稿するリードユーザーに対して投票や販売数と連動する報酬制度を追加することで，参加する全てのアクターに対して継続的な参加を促すメカニズムが設計可能なことが説明できた。

　理論上の貢献としては，ユーザーが供給するユーザーイノベーションが企業に商業利用される過程を，今回新たに，取引の概念を用いた「ユーザーイノベーションの取引モデル」として提示した。ユーザーイノベーションという対象に備わる価値に対して，企業がその価値を入手するために対価を提示

するという考え方を用い，企業とリードユーザー間でユーザーイノベーションの取引が行われた，と解釈した。このような一般化された取引の概念を用いることで，ユーザーイノベーションの商業利用のメカニズムを一般的なモデルで説明可能にした。加えて，このメカニズムでは，参加者全員にインセンティブとなる投票情報がタイムリーにフィードバックされることから，参加による価値創造が生じる過程も説明可能であることを示した。

　先行研究では，ユーザー参加型オンラインプラットフォームの商業利用は，企業とイノベーションを起こすリードユーザーのみで行われる説が有力であった。しかし，本研究では「一般ユーザー」と「仲介者」の役割を新たに特定し，これまで明らかとなっていなかったそれぞれのアクターの相互作用を示した。具体的には，リードユーザーが一般ユーザーの参加を促している点や，仲介者が報酬制度や閾値を設定するなどのメカニズムを調整している点を説明した。特定したユーザー参加型オンラインプラットフォームの商業化に参加する4アクターとそれぞれの効用は，A）利益最大化のために売上最大化とイノベーション創出にかかる費用の削減を行う企業，B）ユーザーイノベーションから得られる利益の最大化を図るリードユーザー，C）望ましい商品ができるよう，投票を通じ商品仕様に影響を与える一般ユーザー，D）取引手数料の最大化を目指す仲介者，である。

　本研究は，商業利用が継続するユーザー参加型オンラインプラットフォームの背景に潜むメカニズムの事実解明的考察を目指してスタートを切った。その結果，社外に存在するユーザー参加による価値創造プロセスは，企業が用意するオンラインプラットフォーム上での条件設定により管理できる対象となりうることからユーザーイノベーションの商業利用は，企業にとって経営戦略の対象となりうることを指摘できた。

3　経営実務への貢献

　経営実務への貢献として，オンラインプラットフォーム上での投票メカニズムの閾値とリードユーザーの報酬条件の適切な設定を通じて，企業はユー

ザーイノベーションを継続的に商業利用することが可能であることを示した。

　一般に，企業はイノベーションの商業利用に成功することで競争優位性を得ることができるとされる。しかし，新商品開発には初期投資リスクが伴う。どのように開発リスクを抑えつつ，イノベーションを商品開発計画に組み込めるかは経営実務において重要な課題である。本研究を通じて，商品化の意思決定が下される投票数の閾値の設定を，損益分岐点を上回る値とするなど，適切に行うことで，新商品開発時に生じるリスクを軽減できることを示唆した。また，イノベーションを生み出すリードユーザーに対して，投票メカニズムと連動する報酬制度を提示することで，企業はユーザーイノベーションを変動費として社内に取り込めることを示唆した。このような，投票メカニズムと連動する適切な閾値の設定や報酬制度の導入は，具体的な業務として実施可能である。また，数値管理が可能であることから，オペレーションの徹底によって効果を改善することが期待できる。

　従来，イノベーションは企業内で行われる研究開発活動の成果としてもたらされるものとされていた。このため，企業がイノベーションを商業利用する場合，研究開発センターの設置を含め，長期にわたって研究者を雇用する必要があり，このような固定費の負担を担えるのは大企業に限られていた。しかし，オンラインプラットフォームの利用を通じて，企業はリードユーザーが生み出すユーザーイノベーションの商業利用を変動費化したうえで，商品開発業務にユーザー参加のプロセスを導入することで，社内に研究開発センターなどを保有することができなかった中小企業でも，イノベーションを通じた競争優位性の獲得が可能であることを指摘した。

4　本研究の限界と今後期待される研究

　本論の限界は，第1に，筆者はケースの実務にかかわったため，ケースの解釈にバイアスが存在している点は否めない。しかし，筆者がかかわらなかった事例との比較分析を行って相対化を図ることに加えて，モデル化を通じて一般化を行った。第2に，提示されたモデルは標本の少ないケース分析か

ら得られたものであり，継続性をもたらす他の要因の存在可能性を否定できない。しかし，約10年に及ぶ継続性を示す実例に基づいたモデルを定式化し，妥当性の検証を行った。第3に，本論の結論は，企業視点からのメカニズムの特定に限定され，ユーザーなど，他アクターの観点からの考察は行っていない。しかし，商業利用に関しては，継続の意思決定は企業によるため，まず企業の立場からの分析を進める必要があった。

　本研究は，実社会で観察された事例からモデル化を進め，シミュレーションは，ワンショットゲーム（one shot game）とした。そのため，ネットワーク外部性による投票数の時間的な増加など研究手法によって生じる検証に限界が存在する。しかし，本研究で示されたモデルを基本フレームワークとすることで，拡張モデルとして，繰り返しゲーム（repeated game）ができる構造を示した。

　今後は，このモデルに改良を加えていくことで，様々なシナリオ下での計算機実験の実施が期待できる。例えば，ユーザーイノベーションの商業利用の継続が観察されるオンラインプラットフォームへの参加者の増加がもたらすイノベーションの質的変容や，ネットワーク外部性の影響を加味したアクター間の相互作用への影響などは，繰り返しゲームを採用したシミュレーションの実施によって可能となる研究テーマである。オンラインプラットフォームの成長過程の解明は，イノベーション創出の確度を向上させるという産業政策的な課題解決にもつながる意義のあるテーマである。

　他にも，企業がリードユーザーに支払うロイヤリティの料率を調整することによるイノベーションの発現促進過程の解明も有意義なテーマである。報酬配分の問題は，イノベーションの創出の担い手をオンライン上で組織的に管理するというテーマにも通じ，企業の研究開発組織を未来に向けてどのように設計していくのかという課題に直結する。経済実験の実施などを加えることで，得られたインサイトをよりいっそう確かな経営ノウハウとして発展させることが期待できる。

　ユーザー参加型オンラインプラットフォームの商業利用マネジメントの高度化は，ユーザーの社会参加の幅を拡げる可能性を有しており，従来では考えられなかった個人と企業の関係構築を通じた経済成長につながる公益性の

高いテーマであるといえる。本研究では企業の立場からの報酬の配分率を議論を進めたが，他の参加アクター全員の利益が最大化されるような均衡解が存在するとしたら，それはどのようなものとなるのであろうか。計算機資源が確保できるなら参加アクター全員の効用が最大化する条件の特定を行うというのも取り組み甲斐のあるテーマである。このような研究は，より社会全体が富める利益配分のあり方を考えるうえで，大変興味をそそられる。

図表（ツリーの分析）

表6-1　各アクターの意思決定を示す選択

ツリーの記号		組参加アクターの意思決定
y	yes	一般ユーザーT_1, T_2 は投票・購入する
n	no	一般ユーザーT_1, T_2 は投票・購入しない
m	make	企業Mは商業利用する
nm	not make	企業Mは商業利用しない
f_a	ユーザーイノベーションf_a	リードユーザーS_1, S_2 はユーザーイノベーションf_aを投稿する
f_b	ユーザーイノベーションf_b	リードユーザーS_1, S_2 はユーザーイノベーションf_bを投稿する

図6-2　社外発掘型ケースの均衡解の導出

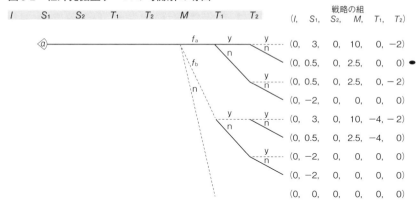

● は均衡解を示す。

図6-3　自律調整型ケースの均衡解の導出

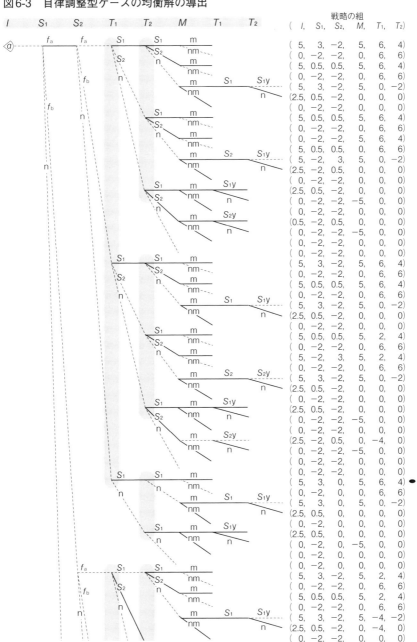

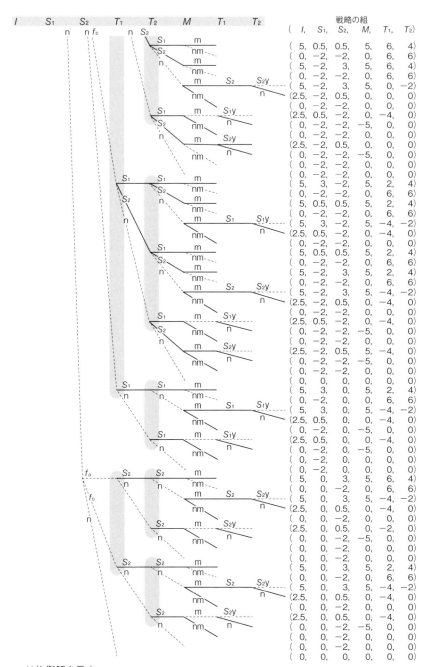

I	S₁	S₂	T₁	T₂	M	T₁	T₂

戦略の組

$(I, S_1, S_2, M, T_1, T_2)$

$(5, 0.5, 0.5, 5, 6, 4)$
$(0, -2, -2, 0, 6, 6)$
$(5, -2, 3, 5, 6, 4)$
$(0, -2, -2, 0, 6, 6)$
$(5, -2, 3, 5, 0, -2)$
$(2.5, -2, 0.5, 0, 0, 0)$
$(0, -2, -2, 0, 0, 0)$
$(2.5, 0.5, -2, 0, -4, 0)$
$(0, -2, -2, -5, 0, 0)$
$(2.5, -2, 0.5, 0, 0, 0)$
$(0, -2, -2, -5, 0, 0)$
$(0, -2, -2, 0, 0, 0)$
$(0, -2, -2, 0, 0, 0)$
$(5, 3, -2, 5, 2, 4)$
$(0, -2, -2, 0, 6, 6)$
$(5, 0.5, 0.5, 5, 2, 4)$
$(0, -2, -2, 0, 6, 6)$
$(5, 3, -2, 5, -4, -2)$
$(2.5, 0.5, -2, 0, -4, 0)$
$(0, -2, -2, 0, 0, 0)$
$(5, 0.5, 0.5, 5, 2, 4)$
$(0, -2, -2, 0, 6, 6)$
$(5, -2, 3, 5, 2, 4)$
$(0, -2, -2, 0, 6, 6)$
$(5, -2, 3, 5, -4, -2)$
$(2.5, -2, 0.5, 0, -4, 0)$
$(0, -2, -2, 0, 0, 0)$
$(2.5, 0.5, -2, 0, -4, 0)$
$(0, -2, -2, -5, 0, 0)$
$(0, -2, -2, 0, 0, 0)$
$(2.5, -2, 0.5, 5, -4, 0)$
$(0, -2, -2, -5, 0, 0)$
$(0, -2, -2, 0, 0, 0)$
$(0, 0, 0, 0, 0, 0)$
$(5, 3, 0, 5, 2, 4)$
$(0, -2, 0, 0, 6, 6)$
$(5, 3, 0, 5, -4, -2)$
$(2.5, 0.5, 0, 0, -4, 0)$
$(0, -2, 0, -5, 0, 0)$
$(2.5, 0.5, 0, 0, -4, 0)$
$(0, -2, 0, -5, 0, 0)$
$(0, -2, 0, 0, 0, 0)$
$(0, -2, 0, 0, 0, 0)$
$(5, 0, 3, 5, 6, 4)$
$(0, 0, -2, 0, 6, 6)$
$(5, 0, 3, 5, -4, -2)$
$(2.5, 0, 0.5, 0, -4, 0)$
$(0, 0, -2, 0, 0, 0)$
$(2.5, 0, 0.5, 0, -2, 0)$
$(0, 0, -2, -5, 0, 0)$
$(0, 0, -2, 0, 0, 0)$
$(5, 0, 3, 5, 2, 4)$
$(0, 0, -2, 0, 6, 6)$
$(5, 0, 3, 5, -4, -2)$
$(2.5, 0, 0.5, 0, -4, 0)$
$(0, 0, -2, 0, 0, 0)$
$(2.5, 0, 0.5, 0, -4, 0)$
$(0, 0, -2, -5, 0, 0)$
$(0, 0, -2, 0, 0, 0)$
$(0, 0, 0, 0, 0, 0)$

● は均衡解を示す。

図6-4 自然発生型ケースの均衡解の導出

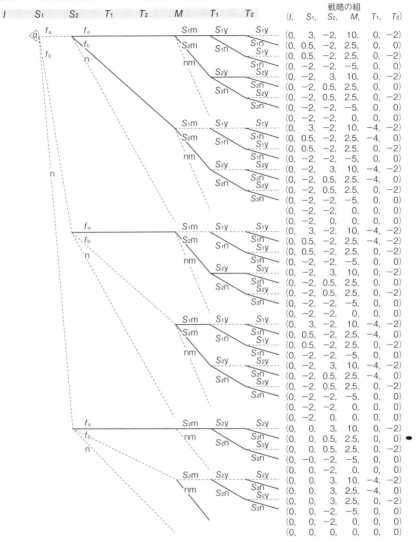

● は均衡解を示す。

図6-5　企業主催型ケースの均衡解の導出

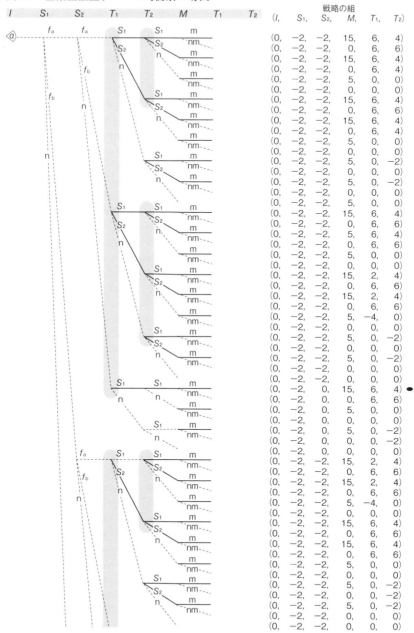

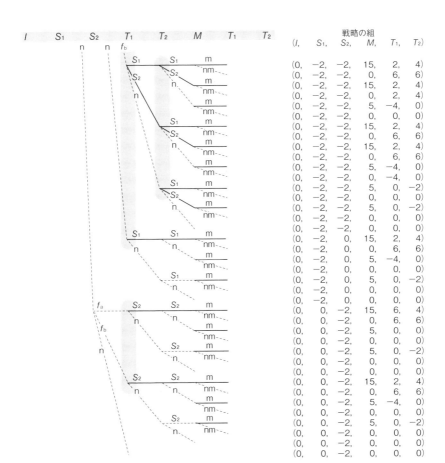

						戦略の組		
$(I,$	$S_1,$	$S_2,$	$M,$	$T_1,$	$T_2)$			
$(0,$	$-2,$	$-2,$	$15,$	$2,$	$4)$			
$(0,$	$-2,$	$-2,$	$0,$	$6,$	$6)$			
$(0,$	$-2,$	$-2,$	$15,$	$2,$	$4)$			
$(0,$	$-2,$	$-2,$	$0,$	$2,$	$4)$			
$(0,$	$-2,$	$-2,$	$5,$	$-4,$	$0)$			
$(0,$	$-2,$	$-2,$	$0,$	$0,$	$0)$			
$(0,$	$-2,$	$-2,$	$15,$	$2,$	$4)$			
$(0,$	$-2,$	$-2,$	$0,$	$6,$	$6)$			
$(0,$	$-2,$	$-2,$	$15,$	$2,$	$4)$			
$(0,$	$-2,$	$-2,$	$0,$	$6,$	$6)$			
$(0,$	$-2,$	$-2,$	$5,$	$-4,$	$0)$			
$(0,$	$-2,$	$-2,$	$0,$	$-4,$	$0)$			
$(0,$	$-2,$	$-2,$	$5,$	$0,$	$-2)$			
$(0,$	$-2,$	$-2,$	$0,$	$0,$	$0)$			
$(0,$	$-2,$	$-2,$	$5,$	$0,$	$-2)$			
$(0,$	$-2,$	$-2,$	$0,$	$0,$	$0)$			
$(0,$	$-2,$	$-2,$	$0,$	$0,$	$0)$			
$(0,$	$-2,$	$0,$	$15,$	$2,$	$4)$			
$(0,$	$-2,$	$0,$	$0,$	$6,$	$6)$			
$(0,$	$-2,$	$0,$	$5,$	$-4,$	$0)$			
$(0,$	$-2,$	$0,$	$0,$	$0,$	$0)$			
$(0,$	$-2,$	$0,$	$5,$	$0,$	$-2)$			
$(0,$	$-2,$	$0,$	$0,$	$0,$	$0)$			
$(0,$	$-2,$	$0,$	$0,$	$0,$	$0)$			
$(0,$	$0,$	$-2,$	$15,$	$6,$	$4)$			
$(0,$	$0,$	$-2,$	$0,$	$6,$	$6)$			
$(0,$	$0,$	$-2,$	$5,$	$0,$	$0)$			
$(0,$	$0,$	$-2,$	$0,$	$0,$	$0)$			
$(0,$	$0,$	$-2,$	$5,$	$0,$	$-2)$			
$(0,$	$0,$	$-2,$	$0,$	$0,$	$0)$			
$(0,$	$0,$	$-2,$	$0,$	$0,$	$0)$			
$(0,$	$0,$	$-2,$	$15,$	$2,$	$4)$			
$(0,$	$0,$	$-2,$	$0,$	$6,$	$6)$			
$(0,$	$0,$	$-2,$	$5,$	$-4,$	$0)$			
$(0,$	$0,$	$-2,$	$0,$	$0,$	$0)$			
$(0,$	$0,$	$-2,$	$5,$	$0,$	$-2)$			
$(0,$	$0,$	$-2,$	$0,$	$0,$	$0)$			
$(0,$	$0,$	$-2,$	$0,$	$0,$	$0)$			
$(0,$	$0,$	$-2,$	$0,$	$0,$	$0)$			

● は均衡解を示す。

図7-6　ベースケース1（社内研究開発）の均衡解の導出

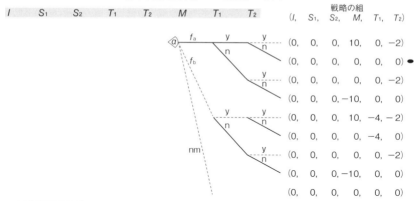

● は均衡解を示す。

図7-7　ベースケース2（費用を削減した社内研究開発）の均衡解の導出

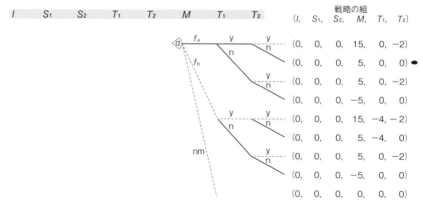

● は均衡解を示す。

参考文献

●英語文献

Antorini, Y. M., and Muniz, A. M.(2013). The benefits and challenges of collaborating with user communities. *Research-Technology Management, 56*(3), 21-28.

Antorini, Y. M., Muniz, A. M., and Askildsen, T.(2012). Collaborating with customer communities: Lessons from the Lego Group. *MIT Sloan Management Review, 53*(3), 73-95.

Axelrod, R.(1984). *The Evolution of Cooperation.* Basic Books.

Axelrod, R.(1997). *The Complexity of Cooperation: Agent-Based Models of Competition and Collaboration.* Princeton University Press.

Axtell, R.(2000). *Why Agents?: On the Varied Motivations for Agent Computing in the Social Sciences.* Working Paper No. 17. Bookings Institution Center on Social and Economic Dynamics.

Axtell, R., Epstein, J. M., and Young, H. P.(2000). *Social Dynamics.* MIT Press.

Baba, Y., and Walsh, J. P.(2010). Embeddedness, social epistemology and breakthrough innovation: The case of the development of statins. *Research Policy, 39*(4), 511-522.

Baba, Y., Yarime, M., and Shichijo, N.(2010). Sources of success in advanced materials innovation: The role of "core researchers" in university-industry collaboration in Japan. *International Journal of Innovation Management, 14*(2), 201-219.

Baldwin, C., Hienerth, C., and von Hippel, E.(2006). How user innovations become commercial products: A theoretical investigation and case study. *Research Policy, 35*(9), 1291-1313.

Beise, M.(2004). Lead markets: Country-specific drivers of the global diffusion of innovations. *Research Policy, 33*(6-7), 997-1018.

Bell, D.(1973). *The Coming of Post-Industrial Society.* Basic Books.

Bogers, M., Afuah, A., and Bastian, B.(2010). Users as innovators: A review, critique, and future research drections. *Journal of Management, 36*(4), 857-875.

Bogers, M., and West, J.(2012). Managing distributed innovation: Strategic utilization of open and user innovation. *Managing Distributed Innovation, 21*(1), 61-75.

Brabham, D.(2008). Crowdsourcing as a model for problem solving: An introduction and cases. *Convergence: The International Journal of Research into New Media Technologies, 14*(1), 75-90.

Chesbrough, H. W.(2003). *Open Innovation: The New Imperative for Creating and Profiting from Technology.* Harvard Business School Press.

Chesbrough, H. W.(2006). *Open Business Models: How to Thrive in the New Innovation Landscape.* Harvard Business School Press.

Choi, S-Y. Stahl, D. O., and Whiston, A. B., (1997). *The Economics of Electronic Commerce:*

The Essential Economics of Doing Business in the Electronic Marketplace, MacMillan Technicall Publishing.

Christensen, C. M.(1997). *The Innovator's Dilemma.* Harvard Business School Press.

Dencker, D.(2008). *The Long Tail Innovation Model* (Master Thesis). Copenhagen Business School.

Diener, K., and Piller, F.(2009). *The Market for Open Innovation: Increasing the Efficiency and Effectiveness of the Innovation Process.* Technology and Innovation Management Group, RWTH Aachen University.

Eisenhardt, K. M.(1989). Building theories from case study research. *Academy of Management Review, 14*(4), 532-550.

Eisenhardt, K. M.(1991). Better stories and better constructs: The case for rigor and comparative logic. *Academy of Management Review, 16*(3), 620-627.

Eisenhardt, K. M., and Graebner, M. E.(2007). Theory building from cases: Opportunities and challenges. *Academy of Management Review, 50*(1), 25-32.

Eisenmann, T., Parker, G., and van Alstyne, M.(2006). Strategies for two-sided markets. *Harvard Business Review, 84*(10), 92-101.

Eisenmann, T., Parker, G., and van Alstyne, M.(2011). Platform envelopment. *Strategic Management Journal.* https://doi.org/10.1002/smj.935

Franke, N., and Shah, S. K.(2003). How communities support innovative activities: An exploration of assistance and sharing among end-users. *Research Policy, 32*(1), 157-178.

Franke, N., von Hippel, E., and Schreier, M.(2006). Finding commercially attractive user innovations: A test of lead-user theory. *Journal of Product Innovation Management, 23*(4), 301-315.

Fujikawa, Y., Oue, S., and Nishiyama, K.(2016). *Value Co-creation on Open Innovation Platform: Agent-Based Modelling on Behavioral Patterns of Customer, Corporation, and Regulator.* Paper presented at the International Conference on Service Science and Innovation.

Gawer, A., and Cusumano, M. A.(2014). Industry platforms and ecosystem innovation. *Journal of Product Innovation Management, 31*(3), 417-433.

Hagel, J., Ⅲ., and Armstrong, A. G.(1997). Net gain: Expanding markets through virtual communities. *McKinsey Quarterly,* (1), 140-153.

Hagel, J., Ⅲ., and Singer, M.(1999). *Net Worth: Shaping Markets When Customers Make the Rules.* Harvard Business School Press.

Harhoff, D., Henkel, J., and von Hippel, E.(2003). Profiting from voluntary spillovers: How users benefit from freely revealing their innovations. *Research Policy, 32,*(10) 1753-1769.

Herstatt, C., and von Hippel, E.(1992). Developing new product concepts via the lead user method: A case study in a "low-tech" field. *Journal of Product Innovation Management, 9*(3), 213-221.

Hienerth, C., Lettl, C., and Keninz, P.(2014). Synergies among producer firms, lead users, and user communities: The case of the LEGO producer-user ecosystem. *Journal of Product Innovation Management, 31*(4), 848-866.

Howe, J.(2006). Crowdsourcing: A Definition. https://crowdsourcing.typepad.com/cs/2006/06/crowdsourcing_a.html

Hurwicz, L.(1960). Optimality and informational efficiency in resource allocation processors. in *Mathematical Methods in the Social Sciences*(K. J. Arrow, S. Karlin, and P. Suppes, Eds.). Stanford University Press, 27-46.

Jeppesen, L. B.(2009). *New Nature of Innovation*. OECD.

Jeppesen, L. B., and Frederiksen, L.(2006). Why do users contribute to firm-hosted user communities?: The case of computer-controlled music instruments. *Organization Science, 17*(1), 45-63.

Kahney, H.(1986). *Problem Solving: A Cognitive Approach*. Open University Press.

Lakhani, K. R., and Jeppesen, L. B.(2007). Getting unusual suspects to solve R&D puzzles. *Harvard Business Review, 85*(5), 30-32.

Lilien, G. L., Morrison, P. D., Searls, K., Sonnack, M., and von Hippel, E.(2001). Performance assessment of the lead user idea generation process. *Management Science, 48*(8), 1041-1059.

Lemons, J.(1996). *Scientific Uncertainty and Environmental Problem Solving*. Blackwell Science.

Lüthje, C.(2004). Characteristics of innovating users in a consumer goods field: An empirical study of sport-related product consumers. *Technovation, 24*(9), 683-695.

Lüthje, C., and Herstatt, C.(2004). The lead user method: An outline of empirical findings and issues for future research. *R&D Management, 34*(5), 553-568.

Maglio, P. P., and Spohrer, J.(2008). Fundamentals of service science. *Journal of the Academy of Marketing Science, 36*(1), 18-20.

Marshall, A.(1890). *Principles of Economics* (Unabridged Eighth Edition). Cosimo Classics.

Maskin, E.(1977; published 1999). Nash equilibrium and welfare optimality. MIT Working Paper ; published in *The Review of Economic Studies, 66* (1), 23-38.

Meyskens, M., and Bird, L.(2015). Crowdfunding and value creation. *Entrepreneurship Research Journal, 5*(2), 155-166.

Mollic, E.(2013). The dynamics of crowdfunding: An exploratory study. *Journal of Business Venturing, 29*(1), 1-16.

Morrison, P. D., Roberts, J. H., and Midgley, D. F.(2004). The nature of lead users and measurement of leading edge status. *Research Policy, 33*(2), 351-362.

Morrison, P. D., Roberts, J. H., and von Hippel, E.(2000). Determinants of user innovation and innovation sharing in a local market. *Management Science, 46*(12), 1513-1641.

Nishiyama, K., and Ogawa, S.(2009). Quantifying user innovation in consumer goods: Case study of CUUSOO.COM, Japan, in *Consumer-Oriented New Product Development (Kundenorientierte Unternehmensführung)* (H. H. Hinterhuber, and K. Matzler, Eds.). Gabler, 529-554.

O'Hara, M.(1995). *Market Microstructure Theory.* Blackwell Publishers.

Ogawa, S.(1998). Does sticky information affect the locus of innovation?: Evidence from the Japanese convenience-store industry. *Research Policy, 26*(7-8), 777-790.

Ogawa, S., and Piller, F. T.(2006). Rreducing the risks of new product development. *MIT Sloan Management Review, 47*(2), 65-71.

Olson, E. L., and Bakke, G.(2001). Implementing the lead user method in a high technology firm: A longitudinal study of intensions versus action. *Journat of Product Innovation Management, 18*(6), 388-395.

Onarheim, B., and Christensen, B. T.(2012). Distributed idea screening in stage-gate development processes. *Journal of Engineering Design, 23*(9), 660-673.

Patton, M. Q.(1987). *How to Use Qualitative Methods in Evaluation.* Sage.

Petroski, I. H.(1992). *The Evolution of Useful Things.* Alfred A. Knopf.

Porter, M. E.(1985). *The Competitive Advantage: Creating and Sustaining Superior Performance.* Free Press.

Prahalad, C. K., and Ramaswamy, V.(2000). Co-opting customer competence. *Harvard Business Review, 78*(1), 79-87.

Prahalad, C. K., and Ramaswamy, V.(2004a). *The Future of Competition: Co-Creating Unique Value with Customers.* Harvard Business Press.

Prahalad, C. K., and Ramaswamy, V.(2004b). Co-creation experiences: The next practice in value creation. *Journal of Interactive Marketing, 18*(3), 5-14.

Ramaswamy, V., and Gouillart, F.(2010). *The Power of Co-Creation.* Simon and Schuster.

Ries, E.(2011). *The Lean Startup: How Today's Entrepreneurs Use Continuous Innovation to Create Radically Successful Businesses.* Crown Business.

Rochet, J. C., and Tirole, J.(2003). Platform competition in two-sided markets. *Journal of European Economic Association, 1*(4), 990-1029.

Rogers, E. M.(1962). *Diffusion of Innovations.* Free Press.

Schlagwein, D. and Bjorn-Andersen, N.(2014). Organizational learning with crowdsourcing: The revelatory case of LEGO. *Journal of the Association for Information Systems, 15* (11), 754-778.

Schumpeter, J.A.,(1912/1934). *The Theory of Economic Development: An Inquiry into Profits, Capital, Credit, Interest and the Business Cycle.* Harvard University Press.

Seybold, P. B.(2006). *Outside Innovation: How Your Customers Will Co-Design Your*

Company's Future. Collins.

Shah, S.(2000). *Sources and Patterns of Innovation in Consumer Products Field: Innovations in Sporting Equipment*. Working Paper, WP4105. Sloan School of Management, Massachusetts Institute of Technology.

Spulber, D. F.(1996a). Market making by price-setting firms. *The Review of Economic Studies, 63*(4), 559-580.

Spulber, D. F.(1996b). Market microstructure and intermediation. *Journal of Economic Perspectives, 10*(3), 135-152.

Spulber, D. F.(1999). *Market Microstructure: Intermediaries and the Theory of the Firm*. Cambridge University Press.

Teece, D. J.(1986). Profiting from technological innovation: Implications for integration, collaboration, licensing, and public policy. *Research Policy, 15*(6), 285-305.

Tietz, R., Morrison, P. D., Luthje, C., and Herstatt, C.(2004). *The process of user-innovation: A case study on user innovation in a consumer goods setting*. Working Paper, No. 29. Department for Technology and Innovation Management, Hamburg University of Technology.

Urban, G. L., and von Hippel, E.(1988). Lead user analysis for the development of new industrial products. *Management Science, 34*(5), 569-582.

Vargo, S. L.(2015). *Foundations and Advances in Service-Dominant Logic*. Paper presented at the ICServ2015 Plenary Session Presentation.

Vargo, S. L., and Lusch, R. F.(2004). Evolving to a new dominant logic for marketing. *Journal of Marketing, 68*(1), 1-17.

Vargo, S. L., Maglio, P. P., and Akaka, M. A.(2008). On value and value co-creation: A service systems and service logic perspective. *European Management Journal, 26*(3), 145-152.

von Hippel, E.(1976). The dominant role of users in the scientific instrument innovation process. *Research Policy, 5*(3), 212-239.

von Hippel, E.(1986). Lead users: A source of novel product concepts. *Management Science, 32*(7), 791-805.

von Hippel, E.(1988). *The Sources of Innovation*. Oxford University Press.

von Hippel, E.(1994). 'Sticky information' and the locus of problem solving: Implications for Innovation. *Management Science, 40*(4), 429-439.

von Hippel, E.(2001). Innovation by user communities: Learning from open-source software. *MIT Sloan Management Review, 42*(4), 82-86.

von Hippel, E.(2005). *Democratizing Innovation*. MIT Press.

von Hippel, E., Franke, N., and Prügl, R.(2009). Pyramiding: Efficient search for rare subjects. *Research Policy, 38*(9), 1397-1406.

von Hippel, E., Ogawa, S., and De Jong, J.(2011). The age of the consumer innovator. *MIT*

Sloan Management Review, 53(1), 27-35.

von Hippel, E., Thomke, S., and Sonnack, M.(1999). Creating breakthroughs at 3M. *Harvard Business Review, 77*(5), 47-57.

Walras, L.(1874/1877). *Elements of Theoretical Economics: Or the Theory of Social Wealth*. translated and edited by Walker. D. A., and van Daal, J. (2014) Cambridge University Press.

Yin, R. K.(1994). *Case Study Research*. Sage Publications.

●日本語文献

池田紀子（2003），「『0からのブランド構築』─低資本でのブランド構築コミュニケーション　スタートアップ企業のエレファントデザインの戦略─」，（学士論文），一橋大学商学部。

石井正道（2009），「非連続イノベーションに関する企業活動の研究─戦略策定プロセスと社内企業家活動─」，（博士論文），東京大学大学院工学系研究科　先端学際工学。

伊藤陽子（2002），「『ないもの』をつくる─BBSが購買欲求に及ぼす影響─」，（学士卒業論文），一橋大学商学部。

ウィンストンA. B.／D. O.スタウル／S. Y.チョイ（著），香内力（訳）（2000），『電子商取引の経済学─オンライン・エコノミックス概論─』，ピアソン・エデュケーション。

上田完次（2014），「人工物と価値の共創─インタラクティブ・ソサイエティの時代のドミナント・ロジック─」，『設計工学』，*第49巻第7号*，pp.319-327。

蛭谷敏（2010），「4億人が遊ぶ最強玩具『レゴ』ヒット商品は素人に学ぶ」，『日経ビジネス』，*2010年5月24日号*。

蛭谷敏／ローラ・スカーレット（2015），「どん底から世界一へ LEGO グーグルも憧れる革新力」，『日経ビジネス』，*2015年2月16日号*。

大橋照枝（2002），『環境マーケティング大全─エコ・エコノミーの実践のために─』，麗澤大学出版会。

大橋照枝（2003），『心はつかめる！「幸福の法則」マーケティング』，宝島社新書。

岡田広司・加藤高明（2003），「インターネットを用いた商品開発に関するコミュニティの実際」，『オイコノミカ』，*第40巻第1号*，pp.57-72。

小川進（2000），『イノベーションの発生理論』，千倉書房。

小川進（2002a），「ユーザー起動型ビジネスモデル」，『国民経済雑誌』，*第185巻第5号*，pp.65-76。

小川進（2002b），「流通システムの新しい担い手─ユーザー起動型ビジネスモデル─」，『組織科学』，*第35巻第4号*，pp.20-31。

小川進（2005），「ユーザー起動法とブランド・コミュニティ─良品計画の事例─」，『Kobe University Discussion Paper Series』，2005・48。

小川進（2006），『競争的共創論─革新参加社会の到来─』，白桃書房。

小川進（2013），『ユーザーイノベーション』，東洋経済新報社。

小川進・西川英彦 (2004),「ユーザー起動型ビジネスモデルの新たな展開」,『Kobe University Discussion Paper Series』, 2004・12。

加藤高明 (2004),「Webサイトを利用した消費者参加商品開発の有効性」,『オイコノミカ』,*第41巻第1号*, pp.51-77。

菊池友美・中村奈津子 (2013),「商品開発,ファンと組むLEGO あればいいな『空想』公募」,『日経流通新聞』,*2013年6月5日号*。p.1。

熊谷晋一郎 (2015),「当事者研究への招待―知識と技術のバリアフリーをめざして―」,『生産研究』,*第67巻第5号*, pp.467-474。

栗木契・阿部剛・今里和隆・大橋真人・川崎秀樹・岸俊介・小林成宇・松木博之 (2008),『経営アカデミー マーケティング戦略コース グループ研究報告書』, 財団法人社会経済生産性本部。

クリステンセン,クレイトン (著),伊豆原弓 (訳) (2000),『イノベーションのジレンマ―技術革新が巨大企業を滅ぼすとき―』, 翔泳社。

國領二郎・野原佐和子 (2003),「電子多対多メディアによるコミュニケーションに黙って参加している人たち (ROM) の情報行動」,『経営情報学会誌』,*第12巻第2号*, pp.37-46。

小宮信彦 (2001),「モノつくりのプロセスを変える新しいビジネスモデル―エレファントデザイン株式会社の「空想生活」―」,(修士論文), 神戸大学大学院経営学研究科。

小宮信彦・井上芳郎・高地悟史・竹中隆・田村匡・吉川広太郎 (2001),「エレファントデザイン株式会社の*DTO*モデル―消費者の『欲しい』を製品化する仕組み―」, レポート, 神戸大学石井淳蔵ゼミ 日本経営特殊研究2「ビジネスモデル」研究グループ。

坂井豊貴・藤中裕二・若山琢磨 (2008),『メカニズムデザイン―資源配分制度の設計とインセンティブ―』, ミネルヴァ書房。

澤谷由里子・西山浩平 (2016),「クラウドソーシング―オンライン分散型資源を生かす価値共創マネジメント―」,『一橋ビジネスレビュー』,*第64巻第2号*, pp.40-53。

島崎大 (2002),「製品開発におけるニーズ情報の獲得―空想生活のケースを通じて―」,(学士卒業論文), 一橋大学商学部。

清水信年 (2002),「消費者参加の製品開発コミュニティをめざして「空想生活」」, 石井淳蔵・厚美尚武 (編)『インターネット社会のマーケティング』, 有斐閣。

清水信年 (2003a),「インターネット社会の製品開発ビジネスモデル―エレファントデザイン―」,『季刊 ビジネス・インサイト』,*第11巻第4号*, pp.24-39。

清水信年 (2003b),「インターネットを利用した製品開発活動に関する研究―New Product Development Activity Using Internet ―」,『奈良大学総合研究所所報』,*第11号*, pp.139-153。

清水信年 (2004),「インターネットで収集する消費者情報の質的側面と製品開発」,『マーケティングジャーナル』*第24巻第2号*, pp.18-30。

清水信年 (2006),「消費者参加型の製品コンセプト構築に関する研究」,(博士取得論文), 神戸大学大学院経営学科研究科。

清水信年（2014），「消費者によるユーザーイノベーションの可能性」，『季刊 ひょうご経済』，第124号，pp.6-9。

高橋文人（2012），「消費者参加型商品開発の限界と可能性—Student Innovation College の分析—」，レポート，首都大学東京水越康介ゼミ。

田中成幸（2009），「次世代型中小企業におけるイノベーション施策の方向性」，『NRI パブリックマネジメントレビュー』，Vol.72，pp.8-15。

長久保如玄（1999），「「継続企業の公準」と会社法」，『會計』，第156巻第4号，pp.496-506。

西川英彦（2003），「消費者参加型のクリック&モルタル・ビジネスモデル—ムジ・ネットの事例を手がかりに—」，『神戸大学大学院経営学研究科 博士課程モノグラフシリーズ』0235。

西川英彦（2004），「コミュニケーション・メディアとしての新製品開発プロセス」，（博士取得論文），神戸大学大学院経営学研究科。

西川英彦・秋田康一郎・大伴崇博・清水秀樹・橋本和人・持田一樹（2013），「消費者参加型製品開発の継続要因」，『経営アカデミー マーケティング戦略コース グループ研究報告書』，公益財団法人日本生産性本部。

西野成昭（2003），「リサイクルシステムにおける行動主体の意思決定に関する研究」，（博士論文），東京大学大学院工学系研究科。

西野成昭・原辰徳・島田敏（2017），「サービスを設計するとはどういうことか」，村上輝康・新井民夫・JST 社会技術研究センター（編）『サービソロジーへの招待—価値共創によるサービス・イノベーション—』，東京大学出版会。

西山浩平（2002），「使い手主導のマーケティング・システム」，『ビジネス・インサイト』，第10巻第4号，pp.70-88。

西山浩平（2003），「消費者起動型の商品開発プロセスが企業活動に与える影響」，『特技懇』，第227号，pp.7-20。

西山浩平・藤川佳則（2016），「サービス・イノベーションの社会受容デザイン」，『マーケティングジャーナル』，第35巻第3号，pp.45-62。

根来龍之・足代訓史（2011），「経営学におけるプラットフォーム論の系譜と今後の展望」，『早稲田大学IT戦略研究所ワーキングペーパーシリーズ』，No.39。

根来龍之・加藤和彦（2010），「プラットフォーム間競争における技術『非』決定論のモデル」，『早稲田国際経営研究』，第41号，pp.79-94。

萩原祐志（2002），「ユーザー参加を考慮したデザイン開発のための支援システム—Support System for Design Development Considering User Participation—」，『デザイン学研究』，第49巻第1号，pp.29-36。

馬場靖憲（1998），『デジタル価値創造』，NTT 出版。

浜岡豊・田中秀樹（2007），「創造／発信する人々の動機と能力」，『マーケティングジャーナル』，第104号，pp.55-57。

浜屋敏・田中秀樹（2003），「インターネットを活用した商品開発の可能性」，『富士通総研経済研究所研究レポート』，No.165, pp.15-18。

原辰徳ほか（2015），「未来を共創するサービス研究開発プログラムに関する検討」，『サービス学会　第3回国内大会講演論文集』，pp.481-486。

藤川健（2004），「情報技術と知識変換―エレファントデザインを事例として」，『同志社大学大学院商学論集』，第39巻第1号，pp.235-264。

藤川佳則（2010），「サービス・ドミナント・ロジックの台頭」，『一橋ビジネスレビュー』，第58巻第1号，pp.144-155。

藤野正規（2001），「エレファントデザインの競争優位について」，慶應義塾大学大学院経営管理研究科。

森田景子（2002），「消費者起点のものづくりを考える　空想生活ケーススタディ：新たなものづくりの現状と問題」，（学士卒業論文），一橋大学商学部。

盛山和夫（2004），『社会調査入門』，有斐閣。

野城智也（2016），『イノベーション・マネジメント―プロセス・組織の構造化から考える―』，東京大学出版会。

山下裕子（2002），「需要の集積形成プロセスとメディアのインパクトに関する研究」，平成14年度吉田秀雄記念事業財団研究成果報告書。

山下裕子・古川一郎（2002），「ビジネス・ケース　エレファントデザイン」，『一橋ビジネスレビュー』，第50巻第2号，pp.165-178。

山本純子（2014），『入門クラウドファンディング―スタートアップ，新規プロジェクト実現のための資金調達法―』，日本実業出版社。

横山真・岩崎敦・櫻井祐子・岡本吉央（2012），「計算機科学者のためのゲーム理論入門シリーズ第3回『メカニズムデザイン（基礎編）』」，『コンピューターソフトウェア』，第29巻第4号，pp.15-31。

横田大（2002），「プロシューマーの現在と未来―空想生活を通じての考察―」，（学士卒業論文），一橋大学商学部。

●参考資料（CUUSOO SYSTEM社に関する記事など）

蛯谷敏（2008），「お客と一緒に新製品を開発」，『日経ビジネス』，2008年11月17日，pp.52-53。

塩原永久（2007），「ユーザーの声を商品化」，『SANKEI EXPRESS』，2007年5月21日。

椿浩和（2008），「あるといい物実現するかも」，『日本経済新聞』，2008年10月16日夕刊。

那須慎一（2007），「欲しいもの，形に」，『産経新聞』，2007年1月7日。

二階堂尚（2014），「メイカーと企業を共創させるクラウドファンディング・プラットフォーム」，『Phronesis』，12号，pp.66-67。

深尾幸生（2008），「消費者提案でクルマづくり」，『日経産業新聞』，2008年3月26日。

「21世紀家電生活」，『日経デザイン』，2000年12月号。

「C to Bの挑戦　欲しいモノ，ネットで主張」，『日経流通新聞』，2000年8月8日。

「CRMを活用し顧客接点の幅広げ満足度向上を狙う」、『日経情報ストラテジー』、2001年4月号。

「『GAS』VS『IH』山本雅也vs西山浩平」、『meuble』、2007年Spring。

「IT革命の未来『あったらいいな』自ら企画」、『日経産業新聞』、2000年7月7日。

「IT武装で変わる消費者行動3つの着眼点で攻略せよ」、『日経情報ストラテジー』、2001年6月号。

「Webの双方向性を生かし顧客を開発に巻きこむ」、『日経デジタルエンジニアリング』、2001年5月号。

「『あったらいいな』わがままな消費者の声を商品にする方法」、『PRESIDENT』、2000年9月18日号。

「インターネットを活用した消費者参加型の商品開発」、『SERIマンスリー』、2009年8月1日。

「エレファントデザインが銀行を開業?」、『日経デザイン』、2001年3月号。

「オーダー家電ができるまで」、『Pen』、2000年12月号。

「外国メーカーの家電　なぜ今売れる」、『日本経済新聞』、2001年7月29日。

「仮想コミュニティ型の商品開発は両刃の剣」、『日経情報ストラテジー』、2001年3月号。

「共同購入サイト　客寄せ大量販売に威力」、『日経ネットビジネス』、2000年10月号。

「空想家電という考え方」、『デザインニュース』、1999年246号。

「『空想システム』というシステム」、『デザインの現場』、1999年12月号。

「空想生活の兄弟サイト　会員の提案募り商品化」、『アドバタイムズ』、2007年6月6日。

「『空想無印』が初の商品化」、『東京生活』、2008年4月、34号、p.13。

「空想を形にする」、『室内』、2000年7月号。

「建築家の考える空想家電」、『デザインニュース』、1999年247号。

「購買や行動データを分析・解析して個別に対応する」、『日経情報ストラテジー』、2001年5月号。

「コスト構造無視した顧客の『囲い込み』の落とし穴」、『日経情報ストラテジー』、2001年2月号。

「個性はウェブで勝ってウェブで売り込む時代」、『日経デザイン』、2000年7月号。

「個を強く意識して『仮説検証』を重視せよ」、『日経情報ストラテジー』、2001年1月号。

「試行錯誤しながら"正解"を創っていく」、『織研新聞』、2008年12月1日。

「自然と共に生きる喜びを表現するデザインと電気の可能性」、『東京カレンダー』、2009年8月、8号。

「紙短情長」、『AXIS』、2001年7・8月号。

「自分好みのデザインをオーダーメイド」、『宣伝会議』、1999年12月号。

「ジョインマーケティングしよう」、『日経ネットビジネス』、2001年4月号。

「消費者の『こんなモノが欲しい』に応える　ネットで実現した"アイデア商品"」、『Fole』、2010年4月1日、pp.16-17。

「消費者の『ほしい』を集めてカタチにする」，『BIZMO』，*2009 年 1 月号*。

「消費者の発想，日用品に」，『日経新聞』，*2008 年 2 月 5 日*。

「消費税の電子商取引に関する意識実態調査」，電子商取引推進協議会，*2000 年*。

「商品開発にユーザーが参加　エレファントデザイン」，『産経新聞』，*2007 年 5 月 21 日*。

「進化する e 消費（下）」，『日本経済新聞』，*2000 年 8 月 16 日*。

「好きなデザインのために生産ラインを動かす」，『日経ネットブレーン』，*2000 年 9 月号*。

「成功のカギは相互作用を追及した顧客とのやり取り」，『日経情報ストラテジー』，*2001 年 3 月号*。

「第 12 回インターネット・アクティブ・ユーザー調査」，『日経ネットビジネス』，*2001 年 7 月号*。

「挑戦と進化が時代を切り拓く」，『日経ビジネス Associe』，*2007 年 5 月 1 日*，pp.68-69。

「『透ける付せん紙』登場 無印良品 ユーザーが発案 商品化へ」，『ラベル新聞』，*2008 年 3 月 15 日*。

「なぜ今デザイン・シンキングなのか？」，『日本経済新聞』，*2010 年 12 月 29 日*。

「日本の消費者向け（B to C）電子商取引市場」，電子商取引実証推進協議会／アンダーセン コンサルティング，*2000 年*。

「人気投票で商品開発を支援」，『日経ベンチャー』，*1999 年 5 月号*。

「ネットでオリジナル品」，『日刊工業新聞』，*2000 年 6 月 23 日*。

「ネットを足場にデザイン開発」，『日経デザイン』，*2000 年 8 月号*。

「ネットを楽しくする　いち押しサイトの紹介」，『Saai Isara』，*2009 年 1 月号*。

「ビジネスモデルを構築する」，『日経デザイン』，*2000 年 1 月号*。

「ファッションデザイナーの考える空想家電」，『デザインニュース』，*2000 年 249 号*。

「ファンの知恵吸収　成長の原動力に」，『日経ヴェリタス』，*2009 年 11 月 1 日*。

「フェイス・トゥ・フェイス・トーク」，『デザインニュース』，*2001 年 251 号*。

「平成 12 年度電子商取引に関する市場調査・実態調査」，電子商取引推進協議会／アクセンチュア，*2001 年*。

「編集者の考える空想家電」，『デザインニュース』，*1999 年 248 号*。

「"ほしい"をつなげれば，世界を変える何かが生まれる。」，『NAVIS（みずほ総研広報誌）』，*2009 年 5 月号*。

「ボクたちのほしいもの」，『デザインニュース』，*1999 年 247 号*。

「未来を見つめて！『空想生活』でチャンスをつかもう！」，『総研新聞』，*2008 年 7 月 18 日*。

「"ユーザーイノベーション"を支援する」，『織研新聞』，*2009 年 1 月 5 日*。

「ユーザーの『ほしい』をカタチにする」，『織研新聞』，*2008 年 11 月 4 日*。

「ライフスタイルの決まらない若い人に『家電』はいらない」，『Esquire』，*2000 年 6 月号*。

●主要ウエブサイト

「Discussion With LEGO's Community Strategist, Yun Mi Antorini」Yannig, R.（2014），最
　　終アクセス日（2016年6月23日）
　　〈https://yannigroth.com/2014/09/20/discussion-with-legos-community-strategist-
　　yun-mi-antorini/〉
「Facebook LEGOアカウントLikes数」，最終アクセス日（2016年6月23日）
　　〈https://www.facebook.com/legojp/likes〉
「Google Searchにて『LEGO』というキーワードで検索されるページ数」，最終アクセス日
　　（2016年6月24日）
　　〈https://www.google.co.jp/webhp?sourceid=chrome-instant&ion=1&espv=2&ie=UTF-
　　8#q=LEGO〉
「LEGO Design byMe終了の案内」，最終アクセス日（2016年7月17日）
　　〈http://ldd.lego.com/en-us/subpages/designbyme/?domainredir=designbyme.lego.
　　com〉
「LEGO IDEAS商品化を目指している登録プロジェクト数」，最終アクセス日（2016年6月
　　23日）
　　〈https://ideas.lego.com/discover#search/s:most_supported〉
「LEGO MINDSTORMSソフトウェアの共有サイト」，最終アクセス日（2016年8月3日）
　　〈http://www.lejos.org/forum/〉
「The LEGO Group Annual Report 2015」，最終アクセス日（2016年6月22日）
　　〈https://www.lego.com/ja-jp/aboutus/lego-group/annual-report〉
「The LEGO Group Annual Report 2016」，最終アクセス日（2017年7月16日）
　　〈https://www.lego.com/en-us/aboutus/lego-group/annual-report〉
「Twitter LEGOアカウントフォロワー数」，最終アクセス日（2016年6月23日）
　　〈https://twitter.com/LEGO_Group〉
「インターネット普及率の推移」『総務省 通信利用動向調査 平成26年版』，最終アクセス日
　　（2016年6月17日）
　　〈http://www.soumu.go.jp/johotsusintokei/statistics/statistics05.html〉
「『空想生活』の消費者参加型商品開発プロセス『インターネットの新しい活用』総務省　情
　　報通信白書 平成14年版」，最終アクセス日（2016年6月16日）
　　〈http://www.soumu.go.jp/johotsusintokei/whitepaper/ja/h14/html/E1041600.
　　html〉
「良品計画のユーザー参加型商品開発のプロジェクトの経緯説明」，最終アクセス日（2016
　　年7月11日）
　　〈http://www.muji.net/lab/mujiarchive/101013.html〉

あとがき

　本書は，オンラインプラットフォームビジネスの背後に潜む根本的なメカニズムの解明に深く切り込んだ画期的な書籍であり，今後現れる数多のプラットフォームビジネスの試金石となるものであると信じている。

　この書籍の内容は，著者の西山氏が東京大学大学院工学系研究科先端学際専攻に社会人学生として在籍し，そこで行った博士研究の内容を書籍としてまとめ直したものである。彼の博士研究に関与した人物の1人として，この研究にまつわる話を，このあとがきに第三者的な視点から説明させて頂ければ幸いである。

　話の発端は，2016年2月24日に遡る。東京大学内で行われたある研究セミナーに出席していたところ，当時，東京大学先端科学技術研究センター教授の馬場先生も出席されており，思いがけず久しぶりにお会いした。説明するまでもないが，馬場先生はイノベーションや科学政策研究で著名な研究者であり，私は大学院生の頃から長く大変お世話になっている先生である。そこで，「いま非常に優秀な博士学生が在籍しており，興味深い研究を進めている。是非，研究のアドバイスをしてあげてくれないか」といった相談を受けることとなった。その博士学生というのが，西山氏だったのである。これが，西山氏との出会いである。

　後日，西山氏，馬場先生，私の3人で直接会って研究の話をすることとなった。私も少なからず共創（co-creation）にかかわる研究者として，西山氏と会う前から「空想無印」という名称で消費者と生産者が共にオンラインプラットフォーム上で相互作用しながらモノづくりをするという，共創を実践する画期的なビジネスに興味を持っていた。しかし，もちろんその当時は西山氏が空想無印を進めている当の本人とは知る由もなかった。空想無印は，確かに共創を実践する1つの事例として面白かったが，研究者としては，どうにかしてその仕組みを定式化し解明できないかと，常に考えていたところで

あった。馬場先生に紹介され，実際にその会社の代表取締役であるとお聞きして，耳を疑ったのは記憶に新しい。この巡り合わせを実現して頂いた馬場先生には，この場を借りて心より感謝したい。

　さて，研究の中身をお聞きし，非常に興味深い斬新な研究テーマであったという感覚が今でも鮮明に残っている。甚だ僭越ではあるが，私の専門分野から眺めた時に，少し物足りないところが理論的部分であると感じた。ケーススタディとしては非常に面白いが，その一般的なメカニズムとして，どこまで議論できるだろうか，という点である。経営学における「理論」というと，その言葉が意味するところは，数理的なモデルから定性的な戦略論まで多岐にわたるが，特に数理的モデルとしての不足を感じたのである。つまり，せっかくの面白いテーマなのに，ケーススタディだけで終わっては勿体ないと思った訳である。東京大学大学院工学系研究科の博士課程には，他教員によるアドバイザーのようなフォーマルな仕組みはなく，いわば単なるインフォーマルな助言者でしかないが，是非とも喜んで力をお貸ししたい，ということで話がまとまった。

　さて，私がアドバイザーとしてご助言させて頂いた部分は，主に本書の5，6章にあたるが，この部分について改めてここで言及しておきたい。本書ではゲーム理論の枠組みをうまく活用しながら数理モデルとして構築しているが，一般的に多くの場合，経済理論等ベースにしたモデルは**演繹的**に構築されることがほとんどである。誤解を恐れず，わかりやすい言葉に置き換えれば，「演繹的にモデルを構築する」とは，既存のモデルに新たな数理的な部分を積み重ねるということに他ならない。一方で，本書のモデル化のプロセスは**帰納的**なのである。つまり，現実の事象について観察を重ね，そこからわかった知見をもとに定式化し，モデルを構築するというものである。これは，ティコ・ブラーエが天体運動について観測を重ね，それらを元にケプラーの法則を生み出す（最終的には，ニュートンによって一般化された万有引力のモデルが構築される）というプロセスに良く似ている。私見ではあるが，社会科学における数理モデルはあまりに演繹的に導かれるものが多すぎると思っている。現在は，実験経済学やフィールド実験などの手法が台頭し，社会科

学であっても統制した実験が可能になっており，実際に観察することでモデル化し，帰納的に得られたモデルを実験によって検証を重ねるという，本来，物理科学で採用されているようなアプローチが増えて然るべきである。本書の内容は，そういう点でも既存の研究手法に囚われることなく，チャレンジングなアプローチをする研究なのである。

　一方で，本書の内容によって，オンラインプラットフォームビジネスの仕組みが完全に理解できたのかというと，残念ながらそうではない。確かに，今まで見えなかった部分に光をあてたことは間違いないが，ある一定の見方ができるようになったに過ぎない。社会科学全般に対する批判になってしまうが，自然科学と異なって社会科学は対象としているのは社会であり，その構成要素は人間である。そのため，原子や分子と違って，それぞれが意思を持って自律的に振る舞う主体なのである。それが，物理法則に従う自然科学と異なる決定的な部分であり，物理科学のように明確にメカニズムを理論的に解明することは難しい。しかし，だからといって，社会科学分野がサイエンスとしての立場を諦めてはいけないし，実際に，一部の社会科学の研究者はその問題を真剣に考え，正面から立ち向かい，努力を続けている。もちろん，本書もこれで終わりではなく，むしろスタート地点に立ったというべきであろう。これをベースに，さらに様々な観察を重ね，理論モデルを拡張・発展させ，実験等で検証を行い，オンラインプラットフォームにおけるメカニズムの真理に少しでも近づくべく，真摯に努力を続けるべきである。

　実は，西山氏とはこの博士論文の研究終了後に，正式に共同研究として，いくつかの研究プロジェクトを進めている段階にある。私は経済実験を応用的に用いる研究をこれまでに行ってきた実績があり，まさに本書で得られた知見をベースに統制された実験室環境で実験を進めようとしているところである。その結果については，西山氏と一緒にまたいつかの機会にお披露目できることを期待している。

　現在，プラットフォームビジネスは，GAFAに代表されるような大きいものから，地域限定のシェアリングサービスのような小さなものまで様々であ

り，まさに群雄割拠の時代といえるだろう。だからこそ，その根本的なメカニズムを明らかにしなければならない。経済学分野においても，二面性市場などの理論モデルとしてのアプローチが進んでいるが，従来の資源配分の考え方がベースにある理論体系では，多様でグローバル化し，ステークホルダーが互いに複雑に絡み合い，消費者さえも生産活動に参加できる現在のプラットフォームビジネスを，演繹的なアプローチだけで捉えようとするのは限界があるのは明らかである。このような複雑化した情報社会を扱える学問分野を成立させるような，ブレークスルーが必要であろう。本書は，読者にそのようなインスピレーションを与え，既存の学問分野の新たな発展を導いてくれるだろうと期待してやまない。

2022年9月

東京大学大学院　工学系研究科　技術経営戦略学専攻

准教授　西野成昭

謝辞

　本書は，東京大学　大学院工学系研究科における研究成果をまとめたものである。本書のベースとなった博士論文の執筆にあたっては，東京大学　大学院工学系研究科博士課程先端学際工学専攻における指導教官であった馬場靖憲　東京大学名誉教授に感謝したい。また，副査として東京大学　先端科学技術研究センターの中邑賢龍シニアリサーチフェロー、田中久美子教授、西野成昭　東京大学　大学院工学系研究科技術経営戦略学専攻教授，ならびに新谷元嗣　東京大学　大学院経済学研究科教授には，様々な視座から貴重なご指導を頂いた。西野成昭教授，藤川佳則　一橋大学　大学院国際企業戦略研究科教授，同研究科の大上慎吾准教授，澤谷由里子　名古屋商科大学　ビジネススクール教授には，共同研究を通じて有益な議論の場を頂いた。MIT Sloan School of Management の Eric von Hippel 教授，小川 進　神戸大学名誉教授・関西学院大学教授並びに安宅和人　慶應義塾大学　環境情報学部教授・Z ホールディングス株式会社シニアストラテジストには，本研究の契機を頂いた。

　研究対象となる LEGO のデータの使用許諾に関しては，同社の Dr.Yun Mi Antorini, Tormod Askildsen に大変尽力を頂いた。レゴ社の Paal Smith-Meyer, Daiva.S.Naldal, David Gram, Timothy Courtney と同社の CEO であった Dr.Jørgen Vig Knudstorp には，同社の実験的な新規事業に携わる機会を与えてくれたことに感謝したい。

　LEGO がきっかけで親しくなった竹尾有一さんと日高雅夫さんには、大人になってからの LEGO との付き合い方を示していただいた。神原勝成さん、黒川周子さんからは、様々な機会を通じて事業を長期に渡って継続することの大切さを教えていただいた。事業継続性の確保は、本研究における鍵概念であり、今後も追いかけていきたいテーマである。

　白桃書房の大矢社長には出版の機会を頂いただけでなく，本書のメッセー

ジを読者にどのように伝えるべきか，という点でアドバイスを頂いた。神田愛弓さんにはプルーフリーディングを通じて読みやすくするためのいくつもの意見を頂いた。日本デザインセンター代表の原 研哉さんには，この研究が伝えたいメッセージを表紙のデザインで表現いただいた。このデザインによって、本を読む前から、本書の内容を直感的に感じられるようになったように思う。

　CUUSOO SYSTEM 社のメンバーとは，歴史に残るような参加型のプラットフォームを一緒に立ち上げられたことを誇りに思う。同社の取締役会には，仕事を続けながら研究活動に時間を使うことを認めてもらった。妻の末樹には、夜中のキッチンで専門でもない分野の議論に付き合ってもらった。また，幼かった息子のそろんと娘のはなは，執筆にあてた数年間のほとんどの週末を父親の研究室で過ごすことに文句もいわず付き合ってくれた。家族からは研究を継続するエネルギーを分けてもらった。

　最後に、LEGO に出会えたことに感謝したい。幼少のころから手を伸ばせばそこに LEGO があった。LEGO おかげで、考えを言葉にできない場合でも、頭に浮かんだイメージをカタチにしてみる習慣を身につけることができた。

著　者

■著者略歴

西山 浩平（にしやま こうへい）

1970年兵庫県神戸市生まれ。1994年東京大学教養学部教養学科 表象文化論卒。同年桑沢デザイン研究所卒。マッキンゼー・アンド・カンパニーを経て，1997年ユーザー参加型オンラインプラットフォームを事業化。同事業で1998年通産省中小企業事業団 第1回ベンチャーフェアJAPAN 98 審査委員長賞，2000年グッドデザイン賞，2001年日本感性工学会賞，第9回桑沢賞受賞。2007年に世界経済フォーラムよりYoung Global Leadersに選出される。2012年より多摩美術大学情報デザイン学科 客員教授。LEGO CUUSOO事業をレゴ社に売却後，2014年に東京大学大学院工学系研究科 先端学際工学専攻 博士課程入学。2017年博士課程修了。コペンハーゲン・ビジネス・スクール博士研究員，東京大学先端科学技術研究センター 特任講師を経て，2022年より東京大学大学院 工学系研究科 技術経営戦略学専攻 特任研究員。

主な著書と論文

「クラウドソーシング―オンライン分散型資源を生かす価値共創マネジメント―」，『一橋ビジネスレビュー』第64巻第2号，（2016，澤谷由里子との共著）

「サービス・イノベーションの社会受容デザイン―価値共創の第三のアクター「レギュレーター」の役割―」，『マーケティングジャーナル』第35巻第3号，（2016，藤川佳則との共著）

"Quantifying user innovation in consumer goods: Case study of CUUSOO.COM, Japan," *Customer-Oriented New Product Development (Kundenorientierte Unternehmensführung)*, Gabler (2009, with Susumu Ogawa)

「ニッポンをデザインした巨匠たち」，『AERA DESIGN』2, 朝日新聞社（2006，桐山登士樹，関康子との共著）

「日本のデザイナー100人」，『AERA DESIGN』朝日新聞社（2005，桐山登士樹，関康子との共著）

■ オンラインプラットフォームの経営
　—ユーザー参加を促すメカニズムのデザイン—

■ 発行日——2023年7月26日　初版発行　　　　　　　　　　　〈検印省略〉

■ 著　者——西山浩平

■ 発行者——大矢栄一郎

■ 発行所——株式会社　白桃書房
　　　　　〒101-0021　東京都千代田区外神田5-1-15
　　　　　☎03-3836-4781　📠03-3836-9370　振替00100-4-20192
　　　　　https://www.hakutou.co.jp/

■ ブックデザイン——原 研哉＋西 朋子

■ 印刷・製本——藤原印刷

©NISHIYAMA, Kohei 2023 Printed in Japan　ISBN 978-4-561-26751-5 C3034

好 評 書

エリック・フォン・ヒッペル【著】鷲田祐一【監修/訳】他【訳】

フリーイノベーション　　　　　　　　　　　　　　　　　　本体 3,000 円

竹田陽子【著】

共観創造　　　　　　　　　　　　　　　　　　　　　　　　本体 2,273 円
　―多元的視点取得が組織にもたらすダイナミズム

内藤知加恵【著】

フォールトライン　　　　　　　　　　　　　　　　　　　　本体 3,000 円
　―組織の分断回避へのアプローチ

舟津昌平【著】

制度複雑性のマネジメント　　　　　　　　　　　　　　　　本体 2,818 円
　―論理の錯綜と組織の対応

高尾義明/森永雄太【編著】

ジョブ・クラフティング　　　　　　　　　　　　　　　　　本体 3,364 円
　―仕事の自律的再創造に向けた理論的・実践的アプローチ

山口一郎【監修】露木恵美子【編著】柳田正芳【企画編集】

共に働くことの意味を問い直す　　　　　　　　　　　　　　本体 1,818 円
　―職場の現象学入門

────────────── 東京 **白桃書房** 神田 ──────────────

本広告の価格は**本体価格**です。別途消費税が加算されます。